JN105949

4週間で無理なくできる！最初で最後の「これだけ終活」

市川 愛
Ai Ichikawa

PHP

「これだけ終活」を始めるみなさんへ

市川 愛

私はこれまで、「終活を始めてみたいけれど、何をすればいいのかわからない」という方や、「いつかは終活をしたいと思うけれど、先送りにしながら何年も経ってしまった」という方など、さまざまな「終活ができない理由」をお聞きしてきました。

ある調査*では、約8割もの方が「終活は必要だと思う」とお答えになった一方で、「終活をすでに始めている」と答えた方は4割弱。この差が現実なのだと思います。

みなさんの終活が「完璧」である必要はないと、私は思っています。完璧を求めて「終活疲れ」になっていては本末転倒。終活のいちばんの利点は、これからのあなたの人生が、自分らしく軽やかなものに変化していくことなのですから。

「できるだけ負担なく終活を体験していただきたい」という想いから、本書を上梓《じょうし》しました。タイトルに「最初で最後の」と銘打ってはいますが、まずは無理のない範囲で、終活の「美味《おい》しいところ」を味見してみてください。この本で、みなさんの終活に対する躊躇《ちゅうちょ》や挫折《ざせつ》が最後になればいいなと、そんなふうに思っています。

この一歩が、あなたの毎日をあなたらしく軽やかにする一助となりますように。

＊「終活に関する意識と実態調査」（株式会社ハルメクホールディングス 生きかた上手研究所 2021年）

4週間で無理なくできる！ 最初で最後の「これだけ終活」目次

ステップ1 これだけ終活 ウォーミングアップ

ステップ2 これだけ終活 ひとまずここから

ステップ3 これだけ終活 次はここまで

ステップ4 これだけ終活 あとはこれだけ

ステップ1

これだけ終活

ウォーミングアップ

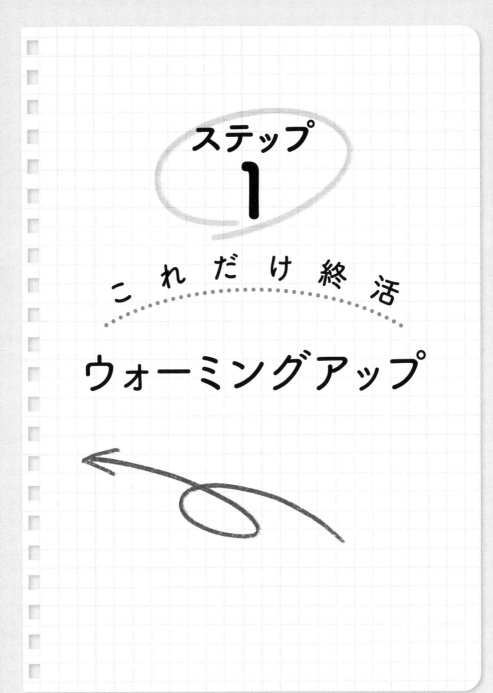

心配無用です

本書を手にしていただいたということは、「終活」をしたいと思ったからに違いありません。とはいえ、自分の死を見つめるようで抵抗があったり、ほかにすることもあったりしてうまく進められるかなど、不安を抱いていらっしゃることでしょう。

いま感じていらっしゃる心配や不安は、「そもそも、『終活』って何をすることかよくわからない」ということに由来しているのではないでしょうか。どういうことが終活に当たるのか、それが具体的になれば、心配や不安はなくなっていくと思います。漠然としたイメージしか持てていない「終活」に対する心配や不安を取り除くところから、始めていきましょう。

まずはチェックリストで確認しましょう

10ページから13ページにかけて、チェックリストを掲載しています。まずは、このチェックリストに取り組んでみてください。実は、並んでいるチェック項目は、「これだけ終活」の具体的な内容です。できている項目に✓印をつけていきます。

ここで、★印について説明しておきます。★はレベル1です。本書を手にされたすべての方に、チェック印がつかなかった項目に取り組んでいただきたい内容となります。

★★はレベル2です。レベル1をさらに一歩進めた項目ですが、無理をしてまで取り組む必要はありません。ただし、レベル1がクリアできれば、レベル2も自然と楽しみながら進めていけると思います。ご自分のペースで取り組んでみてください。

★★★はプラスアルファの項目です。必要だと思っていただいたなら、ぜひ取り組んでいただきたい項目となっています。

がんばりすぎないで

「終活」に期限はありません。「終活」そのものを楽しみ、その結果として得られる、すっきり快適で、充実した毎日を満喫することが、いちばんの目的です。

そのために必要な最低限のことを確認し、取り組んでいただければと思います。「がんばりすぎ」は禁物。気楽に、楽しんで行なうことが、いちばんの秘訣です。

「これだけ終活」チェックリスト

「できている」「やったことがある」項目に✓印を入れてください。

ステップ	日	項目	これだけ終活レベル	ページ
1	1・2	チェックする項目はありません	–	8
1	3	チェックする項目はありません	–	14
2	4	□ 銀行口座・クレジットカードの数を把握している	★☆☆	40
2	4	□ 保有株式・証券口座を把握している	★☆☆	41
2	4	□ 亡きあとのコレクションの行き先を決めている	★☆☆	41
2	4	□ 亡きあとの私物や生活用品の扱いを決めている	★☆☆	42
2	4	□ SNSアカウントを把握している	★☆☆	42
2	5	□ お墓がどうなっているかを把握し、どうしたいかを考えている	★☆☆	44
2	5	□ 「墓じまい」を考えたことがある	★☆☆	45
2	5	□ 菩提寺の有無を把握している	★☆☆	47
2	5	□ 葬儀の一連の進行を知っている	★☆☆	47

ステップ	項目	チェック	内容	星	ページ
2	6・7	□	幼少時の思い出や出来事を記録したことがある	★☆☆	50
2	6・7	□	学生時代の思い出や出来事を記録したことがある	★☆☆	50
2	6・7	□	20代・30代・40代の思い出や出来事を記録したことがある	★☆☆	52
2	6・7	□	50代の思い出や出来事を記録したことがある	★☆☆	52
2	6・7	□	60代の思い出や出来事を記録したことがある	★☆☆	53
2	6・7	□	70代以降の思い出や出来事を記録したことがある	★☆☆	54
3	8	□	貴金属・宝飾類を把握している	★★☆	56
3	8	□	不動産を把握している	★★☆	57
3	8	□	保険情報を把握している	★★☆	58
3	8	□	その他の資産を把握している	★★☆	59
3	8	□	資産をどうするか考えたことがある	★★☆	59
3	8	□	亡きあとのペットの行き先を決めている	★★☆	60
3	9	□	いまある「いらないもの」の処分方法を考えている	★★☆	61
3	10	□	亡きあとの私物の処分方法を決めている	★★☆	62

3			
11	□ SNSアカウント・WEBアカウントを整理したことがある	★★☆	63
	□ 定額サービスや会員登録を整理したことがある	★★☆	65
12	□ あなたの「スキル」を記録したことがある	★★☆	66
13	□ あなたの「人生訓」や「アドバイス」「コツ」を記録したことがある	★★☆	67
14・15	□ 「墓じまい」の行動を起こしたことがある	★★☆	68
16	□ 仏壇や供養をどうするか決めている	★★☆	76
17	□ 遺影の写真を決めている	★★☆	78
	□ 遺影の写真を撮ってある	★★☆	78
18	□ 「葬儀の規模」について考えたことがある	★★☆	79
	□ 葬儀の「こだわり」を決めている	★★☆	81
19	□ 「友人リスト」をつくったことがある	★★☆	83
20	□ あなたの「大切にしていること」を記録したことがある	★★☆	84
21	□ あなたの「してきたこと」を記録したことがある	★★☆	85
	□ 「生きがい」を記録したことがある	★★☆	85

3	番外編	□	いまの住まいをどうするか考えたことがある	★★★	88
3	番外編	□	亡きあとの埋葬先を決めている	★★★	91
3	番外編	□	自分の葬儀の葬儀社を選んである	★★★	92
3	番外編	□	延命措置や臓器提供などの意思を決めている	★★★	95
3	番外編	□	「エンディングに必要なお金」の目処を把握している	★★☆	96
4	22	□	「やりたいこと」を記録したことがある	★☆☆	98
4	23	□	「行きたい場所」を記録したことがある	★☆☆	100
4	24	□	「会いたい人」を記録したことがある	★☆☆	101
4	25	□	「やりたいこと」の実現のために行動を起こしたことがある	★★☆	102
4	26	□	「行きたい場所」に行くための行動を起こしたことがある	★★☆	103
4	27	□	「会いたい人」に会うための行動を起こしたことがある	★★☆	104
4	28	□	少しずつ「終活」を続けていきたいと思っている	★★★	105

この本の使い方

「これだけ終活」のチェックリストで✓印をつけられなかった項目が、特にこれから取り組んでいただきたい具体的な内容ということになります。たとえば「銀行口座・クレジットカードの数を把握している」という項目に✓が入れられなかったとします。金融機関口座の確認については、40ページに記述があります。具体的には、いまある口座を棚卸しして、残しておく口座、解約する口座を決めるのが目標です。

解約をする口座を決めたからといって、その日のうちに金融機関に出向く必要はありません。具体的な行動の目標として、「○○銀行、□□銀行の口座を解約する」など、巻末にある「いちばんやさしいエンディング・ノート」の１３３ページに記入しておきます。そして4週間がひと通り終わったら、できることからまた実行です。

本書を読み終わらなくても、時間が空いたとき、気が向いたときに実行するのでも結構です。以後は、ステップ１の仕上げとして、38ページまでを読んでいただき、「終活」の魅力や楽しさなどを感じてくだされば、うれしく思います。

「自分らしく生きた証」のために

いまや「終活」という言葉は多くの場面で登場し、多岐にわたって使われています。多くの人たちに受け入れられていると感じます。

私が「終活」のお手伝いに取り組みはじめた2009年当初は、「シューカツ？　死ぬための準備?!」としばしば誤解されました。生きているうちから死んだあとのことを考えるなんて不吉、不謹慎と捉えられ、なかなか受け入れられなかったのです。私たちの生活に浸透するのに、10年以上の年月が必要だったと言えるのかもしれません。

人は誰しも、いずれ亡くなります。

避けて通れないことですが、いつか訪れる人生のエンディングを「自分らしく生きた証《あかし》」として迎えられるよう、毎日を自分らしく過ごし、生前にできることは自ら整えておくこと。それが「終活」です。

「これだけ終活」のトライアングル

私が提案する「これだけ終活」では、次の3つのことを考えます。

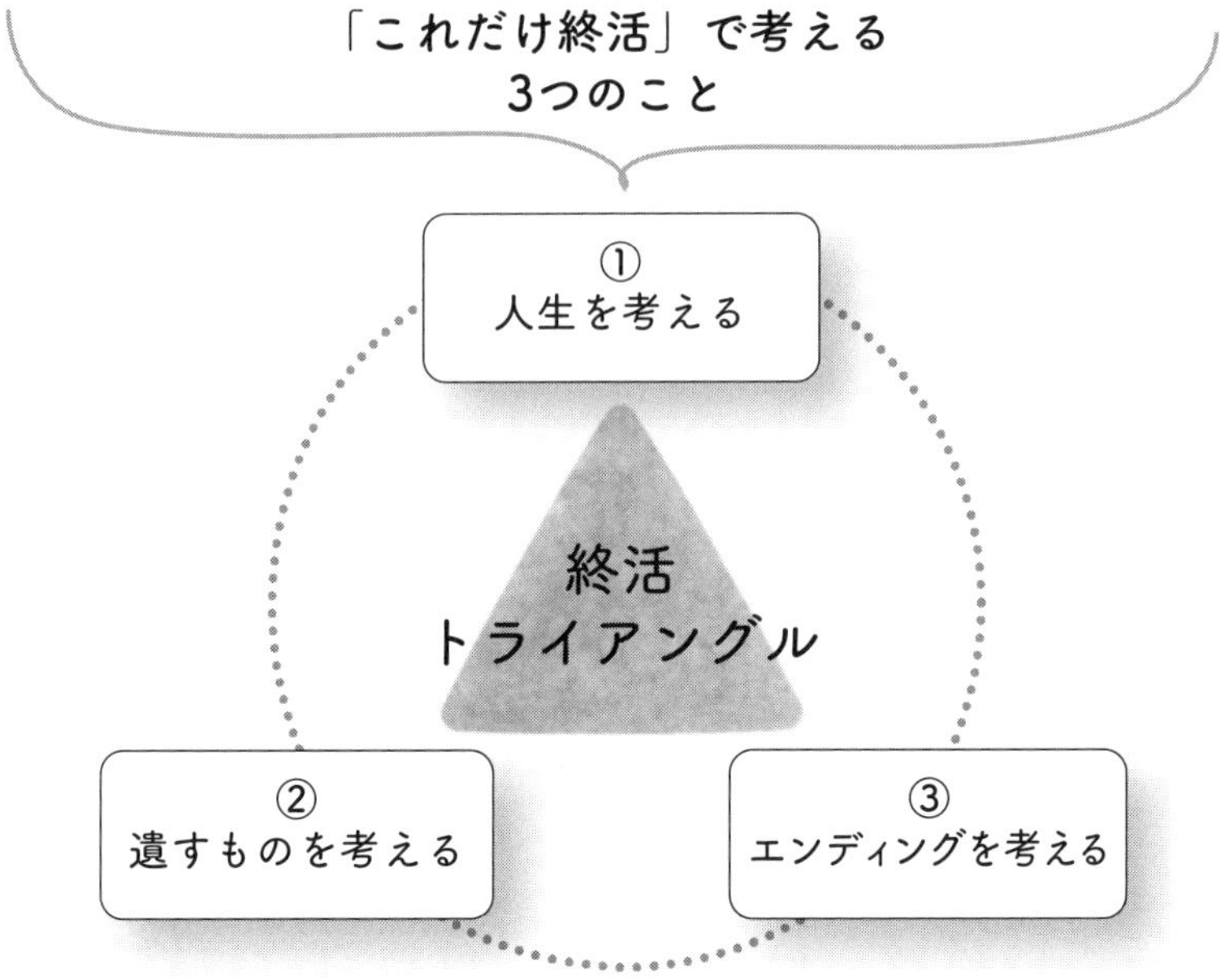

3つのいいこと

◆自分を見つめ直すことができる。
◆遺されるご家族を助けることができる。
◆無駄なお金をかけなくて済む。

①人生を考える

これまでの来し方や印象的な出来事、出会った人たちのことを振り返ってみましょう。そうすることで、いまの自分を見つめ直すことができます。その中で自分の中の「宝物」に気づき、行く末の生き方に、いっそうの意欲が湧いてくるでしょう。

これからの人生をよりよくできるのは、あなた自身です。これまでに得たことを糧にして、この先の自分の人生を素敵に輝かせましょう。

②遺すものを考える

「自分のものを家族に片づけてもらうのは申し訳ない」という気持ちがある方もいらっしゃいます。そうであれば、後悔のないように、所有しているものは順次整理していきましょう。

財産や相続の確認はもちろん、遺品をどうするのか、遺されたペットの行き先なども決めておきます。

自分では整理できなかったとしても、意思や希望を示しておけば、遺品整理に当たって、遺されたご家族が遠慮や迷いを抱くことなく、円滑に進めていけるでしょう。

遺すものには、「スキル」や「アドバイス」、「コツ」や「知恵」「経験」「生き方」なども含まれます。

③エンディングを考える

葬儀やお墓について、自分の想いや希望をまとめておきます。

そして、それらを実現するための取り組みを始めていきます。ステップ2、ステップ3を参考にして、自分のエンディングの有意義な在り方を考えていきましょう。

わかってはいるけれど、始められない……

ここで、「終活」を取り巻く現状を、数字で少し見ておきましょう。

株式会社ハルメクホールディングス 生きかた上手研究所が2021年3月に実施した「60～74歳男女1008人に聞いた『終活に関する意識調査』」によると、「終活をすでに始めている」人と、「今後実施する予定」の人を合わせた「終活は必要だと思う」人は、全体の79・0%でした。

ただし、「終活をすでに始めている」人だけで見ると全体の38・3%で、「必要だと思う」割合とは40・7ポイントも差があり、「わかってはいるけれど、始められない」という多くの方々の心境を映す数字となっています。なお、2018年実施の前回調査でも、「終活は必要だと思う」割合は81・1%、「終活をすでに始めている」割合は38・9%で、傾向としてはあまり変わっていないのが実情です。

「終活は必要だと思う」割合は、男性が68・6%なのに対し、女性では89・3%で、20・7ポイントの差があります。また、「終活を始めている」割合は、男性が33・3%なのに対し、女性では43・3%で、10・0ポイントの差があります。

さらに2018年調査と比較すると、「終活は必要だと思う」割合は、男性で8・6ポイント低下しているのに対し、女性では4・3ポイント上昇しています。「終活を始めている」割合も、男性で5・6ポイント低下しているのに対し、女性では4・4ポイント上昇しており、「終活」に対する意識は、女性のほうがはるかに高いことがわかります。

「コロナ禍」の影響?!

同アンケートでは、「終活を始めたきっかけ」として、「親族・家族の死」「自分の健康状態悪化」「定年退職」のほかに、「コロナ禍」が見られました。

また、「必要だと思う終活」としては、「家具や家の中の荷物整理・処分」「金融口座・金融商品の整理」「衣類やアクセサリーなど身につけるものの整理・処分」など、モノ・財産・情報の生前整理が上位に来ています。

前回調査からは、「情報まわりの整理」が「必要だと思う」割合が増加した一方、「お墓の準備・用意」を「必要だと思う」割合が20・5%、「お葬式の準備」の割合が14・3%で、いずれも前回調査比で低下しています。

「情報まわりの整理」について、「生活面での利用サービスの情報整理」「インターネットやSNSなどデジタル関連の登録・加入サービスの情報整理」などを「必要だと思う」割合が、前回調査から2・0ポイント以上増加しているのも特徴的です。

「しておきたかったことをしておく」という想い

「終活」と認識されているのは、モノ・財産・情報の生前整理のほか、「遺言書・遺産分与の作成」「エンディング・ノートの記入」などでした。

注目したいのは、「しておきたかったことをしておく」を「終活」と見なす割合で、前回調査比で17・4ポイント増加して18・0%となっています。

2020年以降、全世界が新型ウイルス感染症の猛威にさらされました。自分や家族にいつ何が起こるかわからない。「もしも」のことがいつ起こってもおかしくない。そんな不安や危機感が漂う時代に、私たちは直面していると言うことができるのかもしれません。

2021年調査「終活」実施状況
60〜74歳の男女（単一回答）：1008名

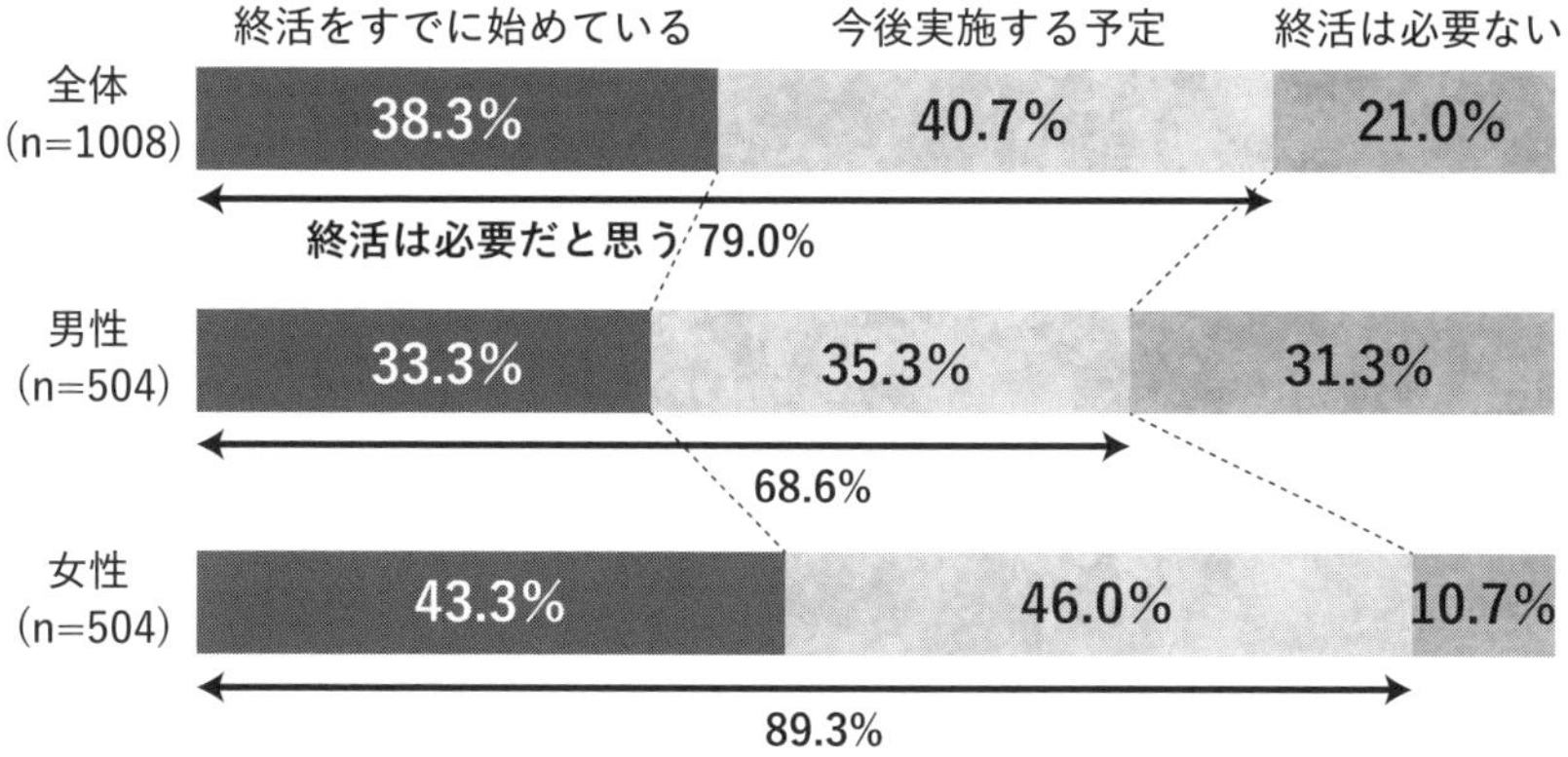

2018年調査「終活」実施状況
60〜74歳の男女（単一回答）：720名

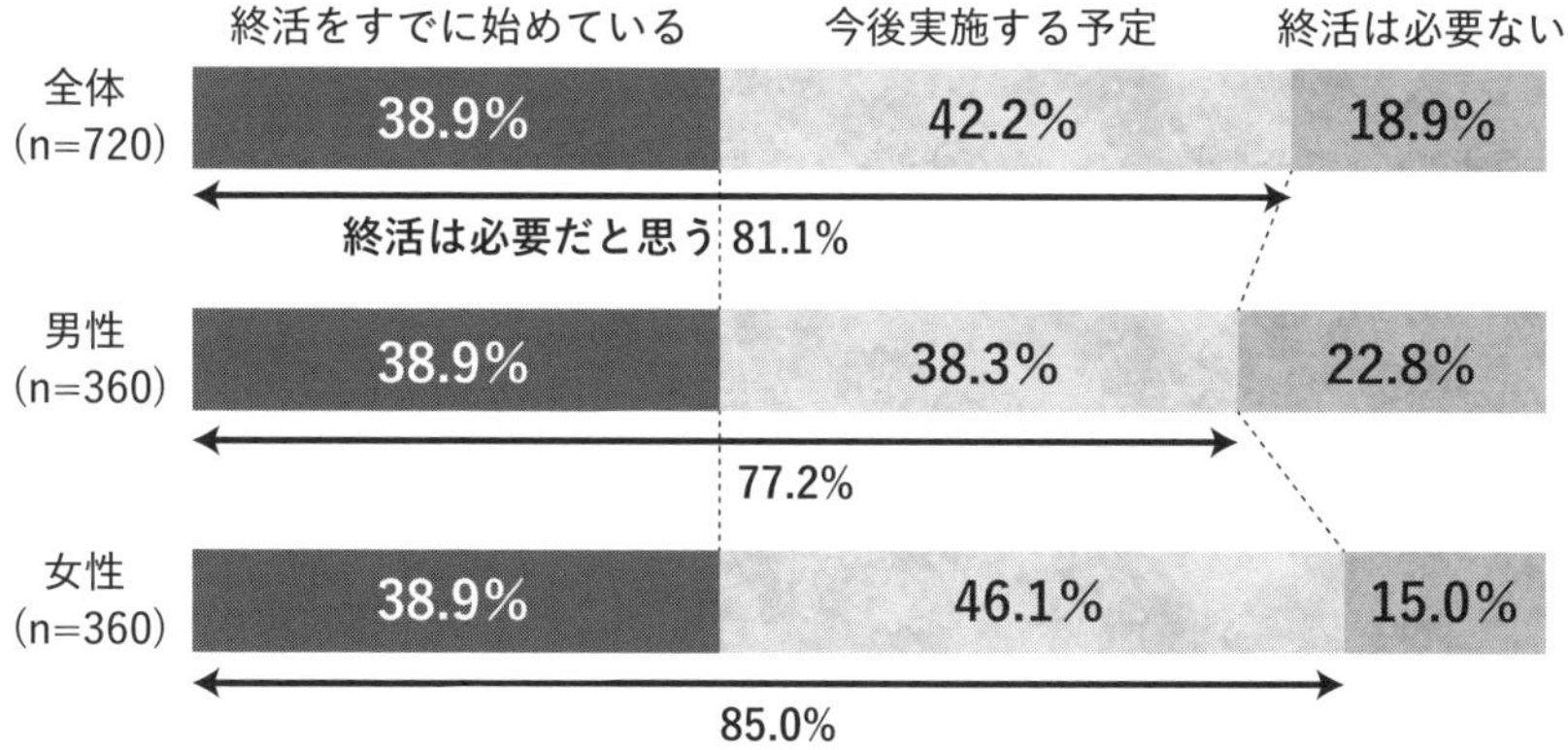

注：2021 年、2018 年いずれも、「終活をすでに始めている」人の中には「終活が完了済」の人が含まれる。

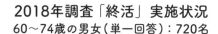

「終活」と認識されている項目ランキング
60～74歳の男女（複数回答）：1008名

2018年調査の対象者は、60～74歳男女720名である。

順位	項　目	n	%	2018年調査との差
1	金融口座・金融商品の整理	426	42.3%	↑2.0%
2	家具や家の中の荷物整理・処分	416	41.3%	↑4.0%
3	衣服やアクセサリーなど身につけるものの整理・処分	300	29.8%	↓-2.6%
4	遺言書・遺産分与の作成	278	27.6%	↓-3.3%
5	アルバムや手紙等思い出の整理・処分	273	27.1%	↓-3.8%
6	エンディングノートの記入	262	26.0%	↓-2.9%
7	パソコン内やSNSなどのデータの整理・消去	262	24.9%	↓-2.2%
8	金融・不動産以外の財産の整理・処分（車・株・証券）	237	23.5%	↑1.7%
9	インターネットやSNSなどデジタル関連の登録・加入サービスの情報整理	230	22.8%	↑0.7%
10	遺影写真の用意	225	22.3%	↓-5.7%
11	加入保険の整理・見直し	224	22.2%	↑1.9%
12	お墓の準備・用意	213	21.1%	↓-3.0%
13	不動産の整理・処分	211	20.9%	↑0.5%
14	お葬式の準備	208	20.6%	↓-5.6%
15	親族・友人・知人の連絡先リストの作成	193	19.1%	↓-4.3%
16	生活面での利用サービスの情報整理（電気・ガス、生協、ジムなど）	189	18.8%	↑1.5%
17	しておきたかったことをしておく	181	18.0%	↑17.4%
18	お墓の整理・墓じまい	169	16.8%	↑0.5%
19	会いたい人に会っておく	123	12.2%	↑0.5%
20	終のすみかとして、施設を探す	117	11.6%	↓-6.2%
21	大切な人へのメッセージ作成	103	10.2%	↓-3.3%
22	事業の整理（引退・廃業・後継など）	73	7.2%	↑1.1%
23	終のすみかとして、自宅をリフォーム	61	6.1%	↓-5.1%
24	飼っているペットの信託	52	5.2%	↓-1.0%
25	終のすみかとして、引越し	50	5.0%	↓-4.1%
26	自分史作成	14	1.4%	↓-1.5%
27	男女関係の整理	12	1.2%	↓-0.3%
28	結婚・再婚	3	0.3%	↓-1.1%
28	パートナー探し	3	0.3%	↓-1.4%

「必要だと思う」終活ランキング
60〜74歳の男女（複数回答）：1008名

2018年調査の対象者は、60〜74歳男女720名である。

順位	項　目	n	%	2018年調査との差
1	家具や家の中の荷物整理・処分	425	42.2%	↑1.5%
2	金融口座・金融商品の整理	389	38.6%	↓-0.7%
3	衣服やアクセサリーなど身につけるものの整理・処分	307	30.5%	↓-0.1%
4	アルバムや手紙等思い出の整理・処分	269	26.7%	↓-0.8%
5	パソコン内やSNSなどのデータの整理・消去	237	23.5%	↑0.5%
6	エンディングノートの記入	229	22.7%	↑1.3%
7	加入保険の整理・見直し	216	21.4%	↓-1.9%
8	お墓の準備・用意	207	20.5%	↓-2.0%
9	インターネットやSNSなどデジタル関連の登録・加入サービスの情報整理	201	19.9%	↑2.2%
10	生活面での利用サービスの情報整理（電気・ガス、生協、ジムなど）	182	18.1%	↑2.9%
11	遺影写真の用意	180	17.9%	↓-1.7%
12	親族・友人・知人の連絡先リストの作成	167	16.6%	↓-2.0%
13	遺言書・遺産分与の作成	165	16.4%	↑0.3%
14	お墓の整理・墓じまい	152	15.1%	↑2.2%
15	金融・不動産以外の財産の整理・処分（車・株・証券）	147	14.6%	↑1.7%
16	不動産の整理・処分	146	14.5%	↓-2.2%
17	お葬式の準備	144	14.3%	↓-1.5%
18	会いたい人に会っておく	134	13.3%	↓-2.3%
19	終のすみかとして、自宅をリフォーム	105	10.4%	↓-2.5%
20	終のすみかとして、施設を探す	93	9.2%	↓-2.2%
21	大切な人へのメッセージ作成	88	8.7%	↑0.1%
22	終のすみかとして、引越し	73	7.2%	↓-1.0%
23	事業の整理（引退・廃業・後継など）	38	3.8%	↓-0.1%
24	飼っているペットの信託	20	3.6%	↓0.0%
25	結婚・再婚	19	2.0%	↑0.9%
26	しておきたかったことをしておく	14	1.9%	↓-0.6%
27	パートナー探し	18	1.8%	↑0.1%
28	自分史作成	12	1.2%	↓-0.8%
29	男女関係の整理	7	0.7%	↑0.3%

これからの人生をポジティブに

参考となる調査結果の数字で、「終活」の現状を見てきました。

特に「しておきたかったことをしておく」という想いが、ここ数年で一気に高まってきていることは、注目に値します。

なぜなら、「しておきたかったことをしておく」というのは、私が提案する「これだけ終活」においても、もっとも大切にしたいことのひとつだからです。

「終活」の話を持ち出すと、「そんな話はしたくない」と、家族の中で反対する人も出てくるでしょう。しかし、葬儀をはじめとする「終活」の話をすることは、決してネガティブなことではありません。

近親者が亡くなったり、自ら大病をしたりして、死を身近に感じた経験のある人は、そうでない人にくらべて、人生がポジティブになるという研究結果があります。

死を意識することで、生きている時間を大切にしようという気持ちが強く働き、前向きになれるということです。ですから、葬儀や死について、前向きに考えていくことのほうが、よりよい人生につながると、私は考えています。

死ぬ準備ではありません

「終活」では、葬儀やお墓などの「エンディング」のことに加え、「自分の人生」と「家族に遺すもの」を考えておくことがとても大切であることは、16ページでお話しした通りです。

「終活」とは、人生のエンディングを自分らしく迎えるために、生前から準備万端整えておくこと。「死ぬ準備」と誤解されやすいのですが、そうではありません。

「これだけ終活」が目指す自分らしいエンディングとは、あなたらしい人生を謳歌したその先に訪れるものです。「終活」は、自分らしい、いきいきとした人生を実現していただくためのものなのです。

終活疲れ?!

「終活」は、できれば心に余裕を持って取り組んでいきたいものです。

お墓が心配な方は、あれもこれも、ではなく、ひとまずはお墓の問題だけを考えます。

ある程度の目途がつき、そのあと、「葬儀の準備もしておこうかな」という気持ちになったら、葬儀の事前準備を始める――そういった具合です。

最近は「終活疲れ」という、おかしな言葉も聞こえてくるようになりました。

葬儀のこと、お墓のこと、相続のこと、さらには身の回りの整理まで、あらゆることを一気に片づけようとして、ヘトヘトになっている方が増えているのです。

私が2009年に「終活」を提案したのは、葬儀やお墓の問題などに直面したときに、むしろ疲れないようにするためでした。

事前に準備をしておくことで、ご本人もご家族も、ゆとりを持ってその日を迎えられることが、本来の目的だからです。

「終活」は、ご自分に無理のないペースで、気楽に行なってください。

人生を見つめ直しましょう

「終活」の具体的な方法として、「エンディング・ノート」を活用すれば、人生をしっかり見つめ直すことができます。記入しているうちに、自分の大切なものが、自然に浮かび上がってきます。

ある方は、エンディング・ノートを書き進めるうちに、お母さんにすごく大切にされてきたこと、そして自分がお母さんをすごく愛していることに気がついて、涙が止まらなくなったとおっしゃっていました。

「終活」に取り組んだり、エンディング・ノートを書いていたりすると、過去を振り返ることで、自分のいまの状況がよく見えてきます。

それが、これからの人生をどうしたらいいのか、自分はどうしたいのか、ということを考えるきっかけにもなります。

エンディング・ノートは、よりよい人生を歩んでいくための動機づけとして、とても役に立つのです。本書の巻末にも「いちばんやさしいエンディング・ノート」を付けていますので、ぜひ活用してみてくださいね。

ご家族に伝えましょう

エンディング・ノートは、自分の思うまま、自由に書いてかまいません。どんなにわがままな要求を書いても、ご家族が困ることはありませんので、安心してください。

というのも、遺言書と違ってエンディング・ノートに法的効力はいっさいありません。そこに書かれたことを実現するかどうかは、ご家族の自由なのです。

初めは何を書けばいいのか戸惑っていた方も、書き遺したいことをひとつ思いつくと、それこそ「芋づる式」にいろいろと出てきます。

注意したいのは、エンディング・ノートを書いたら、ノートの存在を必ずご家族に伝えておくことです。

ご家族が知らないと、ご自分が亡くなったあと、場合によっては葬儀が終わったあとに、葬儀の要望が見つかることもあるからです。

エンディング・ノートの内容は、存命中はご家族に見せなくてもかまいません。「仏壇の下の引き出しに入っている」「桐の文箱に入れてある」と、エンディング・ノートが置いてある場所を伝えておけば、それで充分です。それだけで、万が一のとき、ご家族はそこを探せばいいとわかるので、安心です。

挫折してしまう3つの原因

市販のエンディング・ノートを一度は購入したのに、名前と住所を書いただけで、あとはまっさらな状態、という方が結構いらっしゃるようです。理由を尋ねると、たいてい次の3つのどれかに当てはまります。

①一筆入魂で書いている。
②項目がピンと来ない。
③途中で筆が止まってしまう。

挫折しないためには、これらを逆に考えてみましょう。

何度も書き直して大丈夫です

「終活」は何回更新してもかまいませんし、エンディング・ノートは、書き直すことを前提に気軽に書いてみてください。

「最後に残すものだから」と肩に力を入れ、一筆入魂の気持ちで書こうとするから、しんどくなって挫折するのです。もっと気軽に、「あとから何度も書き直せばいい」といった感覚で充分です。

いまの状況が数年後も同じとは限りませんし、必要に応じて内容を更新していくつもりで書いてください。鉛筆や消せるボールペンで書いておけば書き直すことができますし、日付を入れておけば、自分の考えの変化もわかります。かくいう私も、これまでに何回も書き直しているんですよ。

項目は飛ばしてかまいません

エンディング・ノートを書くときはもちろん、本書の「これだけ終活」に取り組んでいただくにあたっても、最初からすべての項目を埋めていく必要はありません。

たとえば、預貯金の口座番号やクレジットカードの番号など、財産に関する項目で、もう面倒になってしまう方が結構いらっしゃると思います。

ご本人が亡くなったあと、ご遺族が事務的な手続きをする上ではとても大切な項目なのですが、「財産がそれほどあるわけでもないのに、お金の項目ばかりでテンションが下がる」という声もよく聞きます。また、個人情報を書き込むリスクを心配する方もいらっしゃるでしょう。私も同感です。

いずれにしても、書きたくない、あるいは書きにくい項目は、どんどん飛ばしてかまいません。書きたい、書ける項目を優先してください。

筆が止まったところが課題です

本書の「これだけ終活」やエンディング・ノートに取り組んでいると、必ずどこかで筆がピタッと止まるところがあるものです。

書きたくなくて止まるのではなく、これまで考えたことがなかったというところで、ふと筆が止まるのです。そこがまさに、これから向き合ったほうがよい課題です。それを、「終活」やエンディング・ノートが気づかせてくれると考えましょう。

自分が向き合わなければいけないところに気づくことが大切なので、無理に書こうとせず、答えが出るまでの課題としてとっておいて、次の項目へ進んでも結構です。

終活は「前向きな決意表明」です

本書では、あなたがこの世を去るそのとき、遺されるご家族や友人にできるだけ迷惑をかけず、負担を軽くし、爽やかに旅立つための備えに取り組むきっかけを提案していきます。

「元気なうちからお葬式のことを口にするなんて……」と思わずに、ちょっとだけ考えてみてください。人が亡くなるということは、その人が生きてきた証であって、とても尊いものです。早い・遅いはあっても、誰もがいつか死んでしまうことは避けられませんし、死んでしまってからではどうすることもできません。

すべての人に平等に訪れるものだからこそ、「できることを、できるうちにやっておく」ことで、これからも続く人生の毎日を、いっそう有意義なものにできるのです。

「終活」とは、みなさんがこれからの人生をいきいきと、あなたらしく過ごしていくという「前向きな決意表明」です。

財産以上に大切なもの

相続や財産と聞くと、とかく私たちは「財産を遺す・遺さない」ということばかりに注目しがちです。しかし、財産を遺す以上に大切なものがあると、私は考えています。それは、みなさんの「生き方」を遺すことによって、誰かの人生を豊かにすることです。

あなたがこれまで伝えてきたことや、背中で見せてきた姿勢、考え方や価値観……。それらはきっとあなたの大切な人たちに影響を与え、その人の人生を豊かにしているはずです。

財産は使えばなくなってしまいますし、思わぬ争いの原因にもなりますが、あなたの生きる姿勢は、どんなに参考になったとしても決してなくなることはなく、それどころか、さらに受け継がれて続いていくものです。

お金やモノを遺すよりも、ずっと素晴らしいことではないでしょうか。

爽やかに「終活」に取り組む姿も、きっとあなたが遺す「生き方」のひとつになることでしょう。

「終活」とは死ぬ準備ではなく、「いきいきと自分らしく生きることを自分に約束するチャンス」です。難しいことは何もありません。

どうぞ、本書の「これだけ終活」を、ネガティブなこととは捉えずに、前向きに取り組んでみてください。

「終活」自体、やってみようかどうしようか迷っている方は、ご安心ください。「終活」したことを後悔している人には、これまでお一人も会ったことがありませんから。

死ぬときがてっぺん。死んだあとも続きます

2016年に101歳で亡くなったジャーナリスト、むのたけじさんが生前、次のような言葉を著書の中に書き記されています。

死ぬときが人間てっぺんなんだ。

この言葉に出合う以前は、人の一生というのは、生まれたあとだんだんと向上し、人生の半分を過ぎた頃から徐々に下降していく「アーチ型」のイメージを漠然と抱いていました。

ところが、むのたけじさんのこの言葉を目にした瞬間、それが大きな勘違いだったことに気づいたのです。

体力に限っては、ピークを過ぎると年齢を重ねるごとに低下するのでしょうが、人間性や人格というのは向上し続け、亡くなるときにてっぺんになる。しかも、そこで終わりではなく、その先もまだあって、生きていたときの後ろ姿が、自分に関わった

人たちに、ずっと影響を与え続けるのです。

ですから、遺される人たちに、どういう後ろ姿を見せるかということも含めて、人生の直線の角度をどんどん上げ、てっぺんを高くしていくことが、よりよく生きることであり、「終活」の本質なのだと思っています。

直線の角度は、自分の考え方や生き方、さらにはエンディングの迎え方により、さらに上げることができます。本書の「これだけ終活」は、これを実現するための活動なのだと、私は確信しています。

従来の「一生」のイメージ

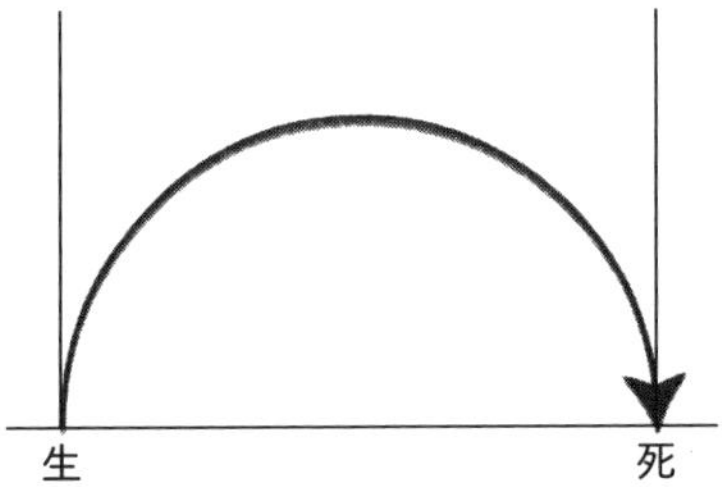

むのたけじさんの言葉から
見えてくる本来の「一生」

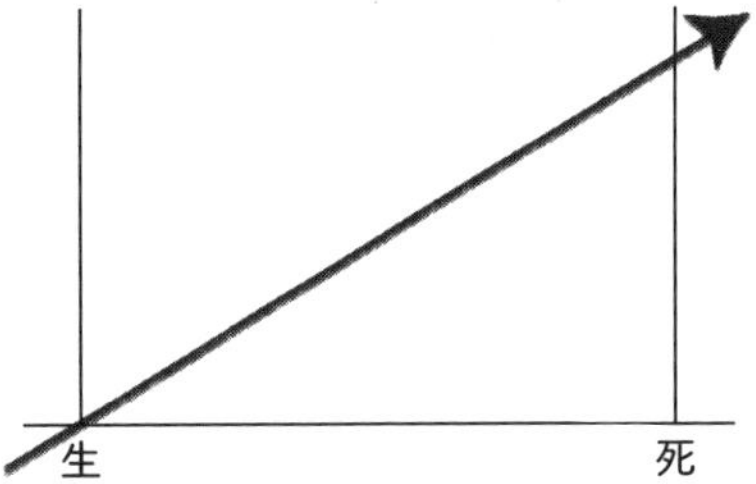

＊私にむのたけじさんを紹介してくださった千葉均さん考案のイメージです。

損や後悔をしないためには専門家のサポートを

本書は「これだけ終活」と称して、みなさんが「終活」を始めてみる、あるいは、改めて取り組んでみるための「きっかけ」と「全般的な情報や知識」を提供すること。そして何より、終活に対する「不安」や「抵抗感」を取り除き、「明るい見通し」を持っていただくことを目指しています。

終活にまつわる事項はバリエーションが豊かですから、自分一人だけで全部に取り組んで解決していくのは、なかなか難しいのが実情です。

「これについてもっと知りたい」「この件は、具体的にどうしたらいい？」という項目も出てくるでしょう。

そうしたときは、「餅《もち》は餅屋《もちや》」という言葉の通り、各分野の専門家や事業所のアドバイスやサポートを仰ぎ、損や後悔のない終活を実践していきましょう。38ページには、主な専門家や事業所の一覧を掲載していますので、参考にしてください。

ただし、いちばん最初の相談相手はご家族――この大原則は、忘れないようにしてくださいね。

「終活」にまつわる主な分野と専門家・事業所

分野	専門家・事業所	分野	専門家・事業所
終活全般	終活カウンセラー	葬儀	葬儀会社
年金	社会保険労務士		冠婚葬祭互助会
	年金事務所		JA（農協）や生協
	年金相談センター		葬儀相談員
人生設計	ファイナンシャルプランナー(FP)	相続	相続診断士
保険	生命保険会社		弁護士
	生命保険代理店		税理士
	損害保険代理店		司法書士
遺言書	行政書士		行政書士
	司法書士	遺品整理	遺品整理業
	弁護士		生前整理業
お墓 仏壇	僧侶（ご住職）	介護	ケアマネジャー
	霊園業		ホームヘルパー
	石材店		介護福祉士
	仏具店		社会福祉士

☑税理士：納税に必要な書類の作成や節税のアドバイスなどを行なう。

☑行政書士：官公署に提出する書類、権利義務に関する書類、事実証明に関する書類の作成や提出手続きを行なう。

☑司法書士：法人登記や不動産登記のほか、裁判所や法務局などに提出する書類の作成などを行なう。

☑相続診断士：相続の手続きを円滑に進め、相続に関するアドバイスなどを行なう。

☑弁護士：示談交渉や裁判の代理業務のほか、紛争予防や企業法務など法律全般についての業務を行なう。

☑社会保険労務士：労働や社会保険に関する業務を行なう。

☑ファイナンシャルプランナー：家計にかかわる金融、税制、不動産、住宅ローン、保険、教育資金、年金制度など、幅広い知識を備え、業務を行なう。

☑ケアマネジャー（介護支援専門員）：要支援または要介護と認定された人が、適切な介護サービスを受けられるようにするための計画（ケアプラン）作成などのサポートを行なう。

☑ホームヘルパー（訪問介護員）：介護等を必要とする利用者の自宅や専門施設で生活・家事援助を行なう。

☑介護福祉士：身体的・精神的な障害により日常生活に支障のある人に対して介護支援を行なう。

☑社会福祉士：身体的・精神的障害や環境上の理由で日常生活に支障があるなど、福祉的支援が必要な人に、助言や相談、援助、指導などを行なう。

ステップ 2

これだけ終活

ひとまずここから

ステップ1で見たように、「終活」は自分の「終わり」を意識した活動ではありますが、それ以上に、これからの人生をいきいきと「活かす」ためのものでもあります。

このステップ2では、〝ひとまずここから〟少しずつでかまいませんので、項目に沿って確認を進めていきましょう。

☑銀行口座・クレジットカードの確認

これだけ終活 レベル★☆☆

銀行口座はひとつ、クレジットカードは1枚だけという方は、それを133ページに記入すれば、この項目は終了です。

銀行口座が複数ある方は、①銀行口座をすべて書き出す、②年金振り込み用・公共料金支払い用・クレジットカード引き落とし用など各口座の用途も書き添えます。

クレジットカードが複数ある方は、①クレジットカードをすべて書き出す、②各カードがどの金融機関口座に紐づいているのかを確認します。

銀行口座もクレジットカードも、できれば2つから3つに整理できるとよいと思います。管理のしやすさからの概ねの目安ですので絶対ではありませんが、いわゆる「休眠状態」のものを整理することから始めてみましょう。

保有株式の確認・証券口座の整理

これだけ終活 レベル★☆☆

記入は133ページへ

保有株式の銘柄、購入時期、購入時の株価、配当金額や配当日を書き出します。どこの証券会社の口座で保有しているかの確認もしてください。

証券口座が複数あるときは、できれば一本化を、難しければ数をできるだけ整理してみましょう。

記入は133ページへ

コレクションの行き先を決める

これだけ終活 レベル★☆☆

大好きで集めたフランス人形、ミニカー、フィギュアなど……。また、海外旅行で買い集めた各国の置物など、趣味や嗜好品の「コレクション」は、「行き先」を決めます。故人の大切にしていたコレクションを処分するのは、ご家族にはつらいものです。

ご自分で処分して数を減らしたり、どなたかに譲ったりすることのほかに、「自分では処分できないけれど、亡きあとには全部処分してかまわない」といった意向をご家族に伝えておく、あるいは書き記しておくのもよい方法です。

記入は133ページへ

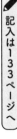

☑亡きあとの私物や生活用品の確認

これだけ終活　レベル★☆☆

「私のものは、すべて処分して結構」「○○と□□だけ残して、あとは捨ててほしい」など、身の回りのものの処分について、希望や意向をはっきりさせておきましょう。

おすすめの取り組みとしては、まずご自分で身の回りのものを整理して、種類と量を減らしておくことです。

たとえば、時代遅れになったりサイズアウトしてしまったりした衣類が、クローゼットやタンスの奥に眠っていませんか？　これを機会に、そうしたものに向き合って整理してみると気分もスッキリして、これからの暮らしにもいっそうの張り合いが出てくるかもしれませんよ。

記入は133ページへ

☑SNSアカウントの確認

これだけ終活　レベル★☆☆

ツイッター（Twitter）やライン（LINE）、フェイスブック（Facebook）にインスタグラム（Instagram）など、SNS（ソーシャルネットワーキングサービス）を、みなさんも利用されていると思います。

そうしたもののアカウント（個人認証情報）の整理も大切です。こうしたことは「ひと昔前」には存在しなかったもので、時代を反映した項目ですよね。

いま利用しているSNSをすべて書き出し、それぞれのログインIDやパスワードも記しておくとともに、ほとんど利用していないものは、アカウントを削除してしまいましょう。

SNSだけではなく、アプリの利用などで毎月定額の支払いが生じているものも、利用頻度を改めて確認し、必要がないものは解約してください。

亡くなったあと、ご家族にアカウントを削除してもらうためにも、これは必要な項目です。面倒がらずに取り組んでみてください。

なお、亡くなったあとに、故人のアカウントで亡くなった旨を告知する「追悼アカウントサービス」などもありますので、そうしたサービスの利用を希望する際は、「亡くなったあとに○○で告知してほしい」といったことも書き記しておきましょう。

記入は133ページへ

お墓の確認と要望

これだけ終活 レベル★☆☆

累代《るいだい》墓《ぼ》（先祖代々のお墓）に納骨をし、継承者もいるなら、確認・検討する内容は特にありません。

お墓はあっても、そこに入らない意思があれば、それを明記しておきます。実家のお墓に入りたい、樹木葬や散骨といった自然葬を希望するといったこともです。

継承者のいない累代墓があるなら、それをどうするのかを考えてみましょう。ご家族に維持してもらうのか、自分たちの代で「墓じまい」をするのかといった、いわば「お墓の方針」です。お墓がない方は、新たに墓地を購入し、墓石を建てるのかを検討します。墓石は建てないということであれば、納骨堂があります。

いずれにしても、維持・管理をするご家族がいるのかいないのかがポイントとなります。そうしたご家族がいなかったり負担をかけたくないと考えたりする場合は、永代供養や自然葬といった選択肢があります。

お墓については「一代限り」の問題ではないので、ご家族や親族の意向も確認しながら、よりよい在り方を見つけていきましょう。

記入は132ページへ

☑「墓じまい」の確認

これだけ終活 レベル★☆☆

お墓の維持には、墓地継承者が必要です。継承者がいないとなると、お墓の維持が難しくなります。

近年、墓地継承者がいない人が6割を超えているとも言われています。また、継承者がいる場合でも、負担をかけたくないという思いから、「墓じまい」を行なう方も増えてきています。

「墓じまい」はまず、菩提寺《ぼだいじ》のご住職に閉眼供養《へいがんくよう》を依頼します。墓石から魂を抜き、普通の石に戻してもらうのです。お墓に眠っているご遺骨を取り出して石材店に墓石の処分を依頼し、更地にした上で菩提寺に返却します。

墓石を処分する費用や菩提寺にお包みする費用、場合によっては檀家を離れる離檀料が必要になる場合もあります。最低でも概《おおむ》ね100万円前後が必要になります。

「墓じまい」をしたあとのご遺骨は、合祀墓《ごうしぼ》や納骨堂などの永代供養のほか、公園墓地などに引っ越しをする、「改葬」も増えています。お墓の確認と同様、「墓じまい」についても、ご家族との話し合いが大切です。

記入は132ページへ

あなたの「お墓の方針」は？

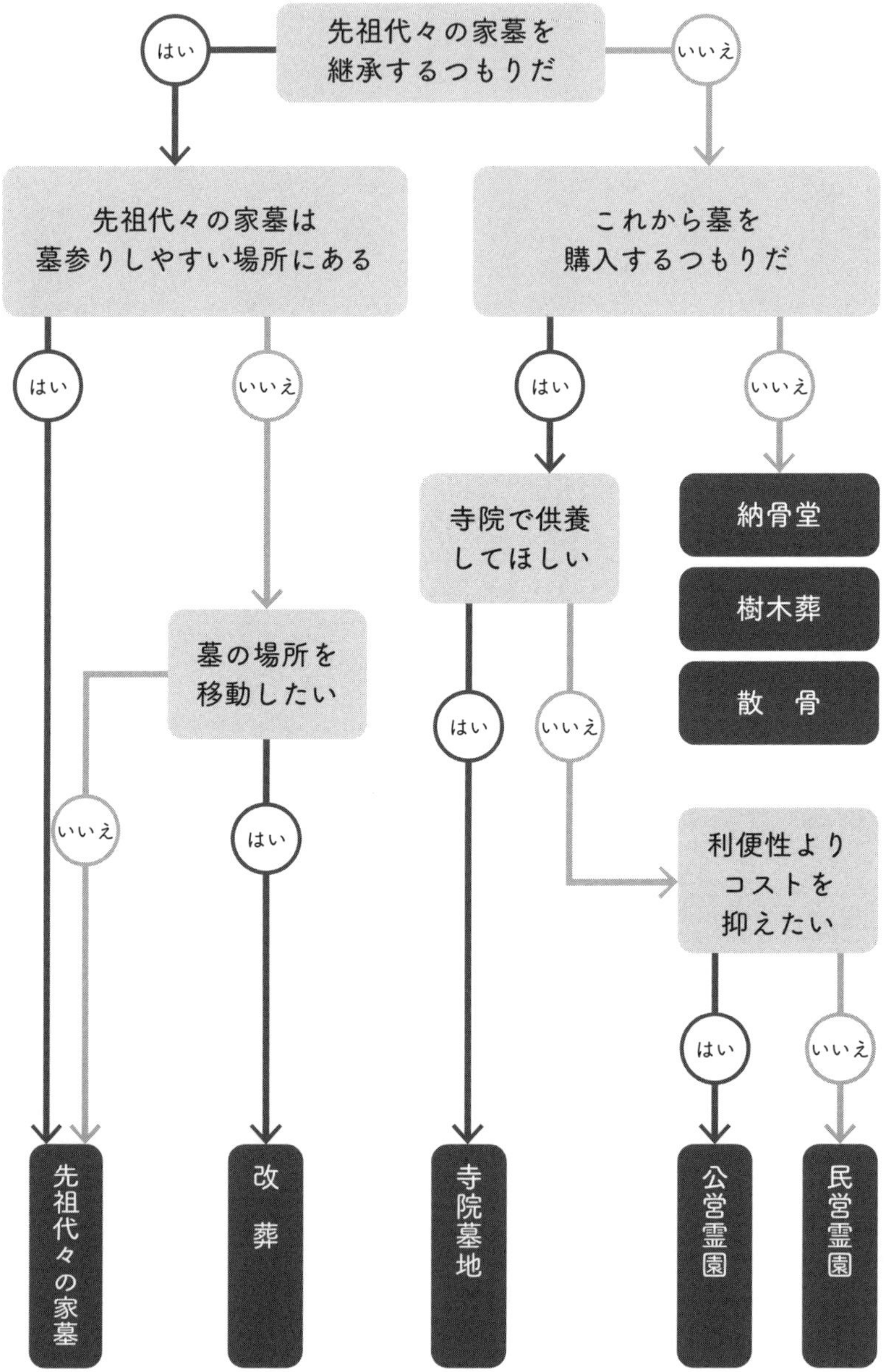
先祖代々の家墓を継承するつもりだ
はい
いいえ
先祖代々の家墓は墓参りしやすい場所にある
これから墓を購入するつもりだ
はい
いいえ
はい
いいえ
寺院で供養してほしい
納骨堂
樹木葬
散骨
墓の場所を移動したい
はい
いいえ
いいえ
はい
利便性よりコストを抑えたい
はい
いいえ
先祖代々の家墓
改葬
寺院墓地
公営霊園
民営霊園

菩提寺の有無の確認

これだけ終活 レベル★☆☆

菩提寺がある場合は、連絡先や住所を記載しておきます。

菩提寺が遠くにあるために葬儀は現在の居住地近辺で執り行なうことも多いと思います。しかし、そうした場合、納骨の際に菩提寺とトラブルになることも少なくないので、「菩提寺では葬儀を行なわない」という旨を事前に菩提寺に連絡する、あるいはご家族に連絡してもらうよう書き記しておきましょう。

菩提寺がない場合は、どういう形式で葬儀を行なってほしいのか希望を書いておきましょう。宗教形式によって、仏式、神式、キリスト教式など、葬儀のスタイルが異なります。生前、特に信仰がなくても、「お坊さんに読経してほしい」「教会で見送ってもらいたい」「花いっぱいのお葬式がいい」「好きなあの曲を流してほしい」といったことを書き記します。

記入は132ページへ

葬儀の進行を知っておく

これだけ終活 レベル★☆☆

ご自分の葬儀について考えるのは、抵抗があるかもしれません。でも、葬儀の流れを知って、その中に、ご自分のこだわりを盛り込んでみてはいかがでしょう。

こだわりとは、「あれを飾ってほしい」「花は○○がいい」「音楽はこれをかけて」といったことから、「あたたかい感じで」「とにかく楽しくにぎやかに」など、葬儀全体の雰囲気や演出といったことまで、なんでも結構です。

そうした希望を明確にしておくと、お別れの悲しみの中でも、「故人らしい葬儀をしてあげられた」「しっかりと見送ることができた」と、ご遺族の満足度も高まります。

気をつけていただきたいのは、近年増えている「自分の葬儀はしなくていい」という要望です。そう要望されると、ご家族はそれを叶えようと、葬儀をせずに火葬だけで見送ることになります。ご家族がそれで納得できるならよいのですが、実際には、見送った実感が持てず、死別の気持ちが切り替えられないことに苦しむ方が、数多くいらっしゃいます。

葬儀は、遺された人たちの大切な「お別れの場」でもありますから、「家族に迷惑をかけたくない」というあなたの思いやりが逆効果になってはいけません。

儀礼的なことに意味が見出《みいだ》せないのであれば、「しなくていい」という表現ではなく、たとえば「お葬式の代わりに、昔からの馴染みのお寿司屋さんで、みんなで食事会をしてほしい」など、「こういうお別れをしてほしい」という書き方をしてみましょう。

記入は132ページへ

葬儀・告別式の進行例

遺族・参列者着席	●喪主・遺族・親族は、開始15分前には式場に入る。 ●一般会葬者も、葬儀開始10分前には着席する。
↓	
僧侶入場	●僧侶が入場したら、参列者は一礼合掌して迎える。
↓	
開式の辞	●司会者が「ただいまより、故○○○○殿の葬儀ならびに告別式を執り行ないます」と述べる。
↓	
読経・授戒	●僧侶が読経し、授戒（仏弟子としての戒律を与える儀式）や引導（死者を浄土に導く儀式）の葬送儀礼を行なう（浄土真宗では授戒と引導は行なわない）。
↓	
弔辞奉読と弔電紹介（省略されることもある）	●弔辞を読むのは2名程度であることが多い。 ●弔電は司会者が2～3通読み上げ、あとは名前だけ紹介する。
↓	
読経・焼香	●まず僧侶が焼香し、読経する。読経中に喪主→遺族→親族の順に焼香する。 ●一般会葬者が焼香する。
↓	
僧侶退場	●会葬者の焼香終了後に僧侶が退場する。参列者は一礼合掌して見送る。
↓	
喪主のあいさつ（省略されることもある）	●喪主か親族代表が会葬者に礼を述べる。
↓	
閉式の辞	●司会者が「これをもちまして故○○○○殿の葬儀・告別式を終了いたしました」と述べる。

＊葬儀・告別式の進行の仕方は、地域や宗派によって違いがあります。また、喪主、遺族・親族の焼香後に葬儀を終了して一度僧侶が退場し、短時間の休憩後に告別式の開式の辞をはさんで一般会葬者が焼香することもあります。通夜の進行は異なります。

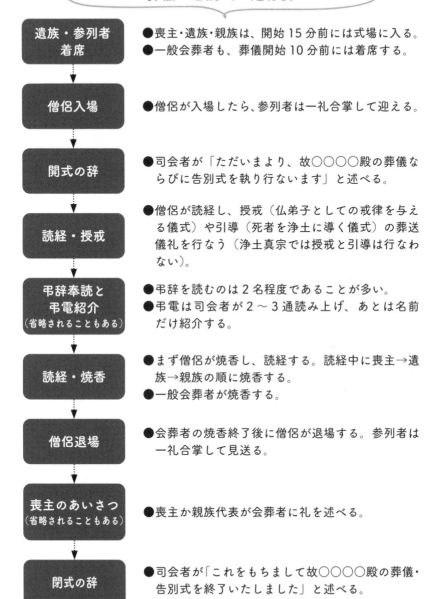

繰り返しになりますが、「終活」は「死ぬ準備」ではなく、これからの人生を自分らしく生きていくためのものです。

6日目と7日目は、16ページで見た「終活トライアングル」のうちの「①人生を考える」ことに取り組んでいきましょう。

☑ 幼少時の思い出や出来事の確認

これだけ終活　レベル★★☆

どこの、どんな家に住んでいましたか？　その頃のご両親は、幼子であるあなたには、どのように映っていましたか？　ごきょうだいとはどんな思い出がありますか？

幼稚園や保育園の先生も懐かしいですよね。

そのほか、印象深かった出来事はありますか？　その頃のお友だちと、SNSで再会を果たした、ということもあるのでは？

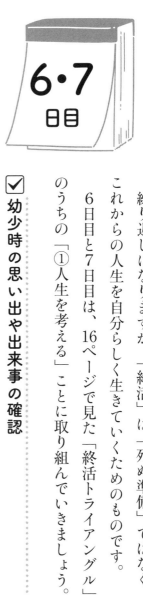

記入は131ページへ

☑ 学生時代の思い出や出来事の確認

これだけ終活　レベル★☆☆

いわゆる「思春期」の思い出は、楽しいことばかりではないかもしれません。苦々しく思い起こされたり、できれば思い出したくない出来事もあったりすると思います。

でも、いかがでしょう。当時はつらく苦しかったことも、いまとなっては「いい思い出」になっていることが多いのではないでしょうか。

そんな発見を通して、ご自分のこれまでを肯定できるようになったり、支えてくれているご家族や友人たちへの感謝の気持ちも湧いたりしてくることでしょう。すると、これまでよりも少し前向きな気持ちで毎日を過ごすことができるようになります。

記入は131ページへ

☑20代・30代・40代の思い出や出来事の確認

これだけ終活 レベル★☆☆

「人生の醍醐味《だいごみ》」が盛りだくさんのこの時期には、語り尽くせないさまざまなトピックスがあるに違いありません。就職や結婚、子どもの誕生や住まいの購入、転職や退職など、さまざまなステージで、たくさんの決断と選択をしてこられたと思います。そうです、あなたの人生は、ご自分で主体的に、能動的に築き上げてこられたのです。

これまでは、そうしたことをあまり意識されたことがなかったかもしれませんが、ここで一度、考えてみましょう。

決断や選択が正しかったかどうかではなく、それらの結果が「いま」であることの意味——そういったものに改めて想いを巡らせてみることも、あながち無駄なことではないと、私は思っています。

記入は131ページへ

☑50代の思い出や出来事の確認

これだけ終活 レベル★☆☆

一般的には「円熟期」と言える時期ですが、みなさんの50代は、どんなものだったでしょうか。これから迎える方は、50代をどのように過ごしていきたいですか？

身体面では徐々に衰えが見られ、いわゆる「生活習慣病」が増加する時期です。みなさんに大きな病気やケガはありませんでしたか？

一方、社会面では大切な役割を担うことがさらに多くなり、家庭と仕事において無理をしがちで、ストレスも生じやすいことから、それまでの生活習慣自体を見直さざるをえなかったこともあったかもしれません。

教育費などの大きな支出も続き、ご自身の親の健康・介護問題に向き合いはじめたのも、ちょうどこの時期だと思います。

40代以前と比べると、「懐かしい」という感情は抱きにくいことが多いかもしれませんが、この時期ならではの出来事も多かったはずです。思い出すままに、書き出してみましょう。

記入は130ページへ

60代の思い出や出来事の確認

これだけ終活 レベル★☆☆

「十年ひと昔」とはよく言ったもので、こうして10年区切りで過去の出来事を思い起こしてみると、自分自身、さまざまなことを経験してこられたことが、改めて実感できると思います。

60代では「大きな選択」を迫られる方が多いと思います。配偶者あるいはご自身の「定年退職」です。近年は定年延長の機会も多くなり、いまだ「現役」の方も多いでしょうし、その一方で、潔く退職して、自分優先の時間を堪能される方もいらっしゃることでしょう。60代の印象的な出来事などを書いてみましょう。

記入は130ページへ

☑70代以降の思い出や出来事の確認

これだけ終活 レベル★☆☆

現在のご自身の年齢に近づいてきた方が多いと思います。いま、どんな想いで毎日を過ごされていますか？　どんなことに楽しさや喜びを感じられるでしょうか。

人生100年時代――健康第一で、これからも「あなたらしさ」を大切にして、人生を謳歌なさってくださいね。

記入は130ページへ

ステップ3

これだけ終活 次はここまで

8日目からは、大切な財産について進めていきます。できれば「財産リスト」をつくることを目指しましょう。

☑貴金属・宝飾類の確認

これだけ終活　レベル★★☆

貴金属や宝石などの宝飾類は、一箇所にまとめて置いてありますか？「時計はこの引き出し」「指輪はタンスの中の小物入れ」などと、あちらこちらに保管してあるなら、まず一箇所にまとめます。市販のアクセサリーボックスや引き出しを仕切る収納グッズを利用するのがおすすめです。

貴金属や宝石類で長い間使っていなかったものがあれば、貴金属専門買取業者に査定を依頼し、現金化するのもひとつの方法です。

その売却費用で、古いデザインのジュエリーを今風にリメイクして楽しむのもいいですし、お子さんやお孫さんにプレゼントしても喜ばれるでしょう。

亡くなったあとにどうしたいのか、こうしたモノたちの「行き先」について希望や想いを記しておくことも大切です。「○○は誰それに」と具体的に書いてもいいですし、業者さんにすべて買い取ってもらい、現金を均等に分けてほしいといったことでもいいでしょう。

貴金属や宝飾類は金銭が関わることが多いため、あとでご家族の諍《いさか》いの原因になることのないよう配慮しておきましょう。

記入は129ページへ

☑不動産の確認

これだけ終活 レベル★★☆

ご自分や配偶者が所有している不動産を、きちんと把握していますか？ 権利関係（所有権、借地権、抵当権、持ち分など）は理解できていますか？

心配なら、登記簿謄本《とうほん》（登記事項証明書）を取り寄せて確認しましょう。賃貸住宅や賃貸店舗を所有している場合も、それらの権利関係はきちんと把握しておきます。

借地権を持つ土地の上に自宅があるなら、子どもが相続段階で初めて知って慌てることがないよう、いまから伝えておくほうがよいでしょう。

資産運用のつもりで、別のところに土地を購入してある、ということはありませんか？ あれば、それも書き出しておきましょう。相続が生じたときに、ご家族が手続きをしやすいように配慮しておけるといいですね。

もし可能なら、現時点で売却したらおよそいくらになるのかなどを記しておくのもよいと思います。ご自分でも価値を知ることができますし、ご家族も不動産価値のイメージを持てます。相続開始後、売却するのか誰かが住むのかといった話し合いの際にも、とても役に立ちます。

記入は129ページへ

✓保険情報の確認

これだけ終活 レベル★★☆

生命保険、がん保険、火災保険、自動車保険など、近年ではさまざまな保険があります。いったん加入すると、加入していることも覚えていなかったりします。証書を探して書き出しておきましょう。保険会社、保険の種類、支払い期間はいつまでなのか、更新時期はいつなのか、そういったこともメモしておきます。

あちらこちらに置かずに保険一式として束ねてしまっておきましょう。「エンディング・ノート」への保管場所の記入もお忘れなく。

記入は129ページへ

☑その他の資産の確認

これだけ終活 レベル★★☆

たとえば自動車です。車検証は保管してあると思いますが、念のため保管場所を記録しておきましょう。

絵画や骨董品《こっとうひん》も大切な資産です。それらはどうしますか？

たとえば、「亡くなったら換金して子どもたちで分けて」などと書き込んでおきます。どなたかに贈る場合は、その旨を書き記します。

「もう充分に楽しんだから」とご自分で換金して、別の楽しみの資金にするというのも、上手な整理の仕方かもしれません。

記入は129ページへ

☑資産をどうする？

これだけ終活 レベル★★☆

ここまででも触れていますので大丈夫だと思いますが、それぞれの資産の確認とともに、それらをどうしたいのか、その扱いについての要望を明確にしておきましょう。

高価な絵画があったとしても、ご家族には引き取り手がいない場合もあります。特に骨董品は保管場所の問題もあって、次世代の人たちは欲しがらないかもしれません。そういったことも想定しながら、資産の扱いを考えてみましょう。

記入は129ページへ

☑ペットの行き先の確認

これだけ終活 レベル★★☆

ペットよりご自分が先に旅立つ場合が、ないわけではありません。シニアの方がペットを飼っている場合は、遺されたペットをどうするかが、しばしば問題になります。ご家族や友人に引き取ってもらえるかどうか、あらかじめ相談しておくとよいでしょう。引き取ってもらえれば何よりですが、引き取ってもらえない場合は、「負担付死因贈与」や「ペット信託」などの方法を検討してみましょう。

「負担付死因贈与」とは、「ペットの面倒を見る」という負担を条件に、ご自分が亡きあとに財産を贈与するという契約です。

「ペット信託」とは、信託契約を用いて財産の一部を信頼できる人物に託し、ご自分にもしものことがあれば、その財産から飼育費を支払ってペットを世話してもらうというものです。

昨今はペット同伴可の高齢者施設や、老犬・老猫などを預かってくれる施設もあります。ご自宅以外の入居施設を選ぶようなときは、そうした条件も参考に検討してみてください。

記入は129ページへ

いまある「いらないもの」の処分方法の確認

これだけ終活　レベル★★☆

あなたの「遺品」となるものや財産の「整理」とともに、いま身の回りにある「いらないもの」の整理＝処分も考えていきましょう。

「まだ使えるけれど、もういらない」「もういらないけれど、まだ使える」。そうしたものが多かれ少なかれ、誰にでもあると思います。

そうしたものは、インターネットのフリマアプリや無料掲示板サービスなどを利用して、必要としている人に譲渡してみてはいかがでしょう。利用方法に不安があれば、若い世代のご家族に聞くか、代わりに出品してもらってもいいでしょう。

所定の有料専用回収袋やダンボールを取り寄せて、衣類やバッグ、靴などを入れて送ると査定してくれるサービスもあります。いわゆるＳＤＧｓ《エスディージーズ》（持続可能な開発目標）の観点から、新興国などへ寄付などを行なっている団体もあります。社会に役立つなら手放すことに罪悪感はなく、むしろ喜びを感じることができると思います。

記入は128ページへ

☑亡きあとの私物の処分方法の確認

これだけ終活　レベル★★☆

いまある「いらないもの」の整理でも、かなりの量のモノが減らせると思います。そうした整理はご家族のためでもありますが、いまを快適に過ごすことができるようになりますから、現在とこれからを生きる自分のためでもあるのです。

とはいえ、亡くなったあとにも、どうしても私物は残ります。それら遺されたモノの処分の意向と方法についても、考えておきましょう。

「使えそうなモノ、欲しいモノがあればそれは使ってもらって、それ以外は全部処分していい」「大好きだったこのフランス人形を仏壇に供えておいてくれれば、あとはすべて捨ててかまわない」といったことなどです。

「旅立つときの服はこれで」と、棺の中で着たい衣服や携えたい持ち物を指定する方もいらっしゃいます。いわば、「自分らしい旅立ち」のためのセルフプロデュースです。その際ですが、難燃素材のモノだけは避けましょう。最後の最後で葬儀社のスタッフにダメと言われて、ご家族に悲しい想いをさせたくはありませんものね。

昨今は情報のデジタル化が進み、私たちの暮らしも、ひと昔前には想像ができなかったくらい便利で快適になっています。しかしそのぶん、「終活」をする上でも、「デジタル終活」が必要になってきています。面倒かもしれませんが、個人情報保護の観点からは大切なことです。少しずついいので、取り組んでいきましょう。

記入は127ページへ

☑SNSアカウント・WEBアカウントの整理

これだけ終活 レベル★★☆

「これだけ終活」の4日目に、SNS（ソーシャルネットワーキングサービス）アカウントなどを確認しました（42ページ）。それぞれのログインIDやパスワードを書き出しましたよね。利用しないものはそのまま放置でもかまわないのですが、気になる方は削除していきましょう。ご自分では削除できないこともあると思いますので、ご家族と一緒に取り組むのもよいことです。

ツイッター（Twitter）やライン（LINE）は、ご家族や友人が削除をリクエストできます。

フェイスブック（Facebook）やインスタグラム（Instagram）は、ご家族や友人から当事者本人の死亡を報告すると、「追悼アカウント」に切り替えることができます。追悼アカウントに移行すると、ログインも投稿もできなくなりますが、生前に投稿した内容はそのまま残ります。削除したい場合は、リクエストが可能です（詳細は各社にお問い合わせください）。

こうしたことを理解した上で、死後に遺すもの・削除するもの、いまのうちに削除するものを決めて、行動に移します。

ＳＮＳだけでなく、ＷＥＢ（インターネット）アカウントについても、方針を決めて実践します。「ブログ」の整理などが当てはまります。

日記代わりにブログに雑感を書き記している方は、「終活世代」にもたくさんいらっしゃいます。ブログに投稿した記事も、ＳＮＳと同様、インターネット上にずっと残ります。更新できるうちは続けるとしても、亡くなったあとは、どうしますか？

こうしたことも一度は考えてみて、その時点で不要だと思うのなら、削除などを行ないましょう。亡きあとに削除をしてほしいときは、その旨とともにＩＤとパスワードを書き記しておきましょう。

記入は126ページへ

☑定額サービスや会員登録の整理　これだけ終活 レベル★★☆

動画配信や音楽などの市場では、いまや「サブスク」が当たり前になっています。サブスクとは「サブスクリプション」の略で、月額課金や定額制のサービスのことです。加入から日が経って、「少額だからいいや」とほったらかしにしている、無駄なサブスクはありませんか？

そうしたサブスクでなくても、頒布会や雑誌の定期購読、また、なんらかの会員登録をしているなら、それらを書き出して、いるもの・いらないものの棚卸しをし、解約できるものはしてしまいましょう。

ご家族には、利用しているサービスがあることを伝えておくといいのですが、伝えていない場合でも、「エンディング・ノート」に書いておけば、ご家族の対応も苦労なく進めていけます。ちょっとしたことですが、ご家族にとってはありがたいことです。

記入は126ページへ

あなたの「スキル」を遺す

これだけ終活　レベル★★☆

「おふくろの味」「父さんのワザ」「おばあちゃんの知恵」など、あなたが人生で培った「スキル」を、ぜひ遺してあげてください。たとえば、あなたが亡くなったら、急に食べられなくなった料理や味があっては、ご家族は悲しい想いをします。

みなさんご自身も、「そうだよな、お母さんのお漬物、おいしかったのに、食べられなくなっちゃった。もういないんだもんな……」という感慨を抱かれたことが、これまでにあったと思います。

そうした「スキル」は途絶えさせずに、代々受け継いでいくことが望ましいものです。ご家族に悲しい想いをさせないためにも、みんなから愛されていた料理のレシピを、遺しておきませんか？　庭木の剪定《せんてい》の仕方を書き記しておきませんか？

現代は高度な情報社会です。クリックひとつで得られない情報はないと言っても過言ではありません。一般的なレシピや方法も、すぐに検索できますが、あなたの「スキル」は、あなたが生きた証そのものであり、検索ではヒットしないものなのです。

記入は125ページへ

あなたの「人生訓」や「アドバイス」「コツ」を遺す

これだけ終活 レベル★★☆

あなたが励まされた言葉や座右の銘などを、書き記してみませんか？

あるいは、あなたのこれまでの人生経験から得た教訓、そうです、みなさんの「人生訓」を、ご家族に遺してあげませんか？

人生訓は、失敗から得たこと。反対に、成功して初めてわかったこと。あるいは、苦しいとき、悲しいときの乗り越え方、人間関係の機微や綾など、なんでもいいと思います。

教訓まで行かずとも、「ちょっとしたアドバイス」や「簡単なコツ」といったものを、ご家族の一人ひとりに向けて、伝えてあげてもいいと思います。

あなたがどんな想いで人生を歩んできたのか。そして、何を得たのか。そうしたことを、ご家族が知ることができます。

ここでの人生訓やアドバイス、コツは、あなたにしか遺せない内容です。それは、ご家族にとっても、かけがえのないものとなるはずです。

記入は124ページへ

14日目と15日目は、「墓じまい」の実践です。「墓じまい」を必要としない方は飛ばしていただいてもかまいませんが、参考までに一度は読んでみてください。

「墓じまい」の行動計画

これだけ終活 レベル★★☆

ステップ2の5日目（45ページ）で、「墓じまい」の必要があるのかないのかを確認しました。累代墓があり、納骨はそこにすることにしていて、継承者もいる場合、特段の事情がない限り「墓じまい」の必要はありません。

しかし、継承者がいない、累代墓には入らないなどの考えがあれば、「墓じまい」を行なうことになります。「墓じまい」の手順については、5日目でざっと説明しましたので、ここでは、具体的な行動計画を立ててみましょう。

まずは「墓じまい」の意向があることを、ご家族に伝えてください。

繰り返しになりますが、「墓じまい」は「一代限り」の問題ではないので、ご家族の理解や協力が大切です。

考えること① ご遺骨をどうするか

「墓じまい」をしたあとのご遺骨を、どこに納めるのかを決めます。

納骨堂や合祀墓、あるいは新しく墓地を購入して改葬することも考えられます。さらに、樹木葬や散骨といった自然葬もあります。

全国石製品協同組合のアンケート調査（2018年）によると、「墓じまい」のあと、「新しい墓を建てて納骨」が42・3％と4割強となっています（その他に納骨堂：16・1％、永代供養墓：14・6％、改葬：10・2％）。「お墓の方針」については、46ページのチャートで、改めて確認してみてください。

記入は123ページへ

考えること② 「改葬」という選択肢

納骨堂や永代供養墓のほかに、「改葬」という方法があります。

累代墓が遠くにあると、お墓参りのたびに経済的・時間的な負担が大きくなります。また、体力的に難しくなる可能性もあり、居住地近隣の寺院や霊園にお墓を移そうということになります。こうして、改葬が増えてきました。

しかし、改葬が増えているとはいっても、その手続きは簡単ではありません。

また、菩提寺と離檀をめぐってトラブルが起こることもあり、離檀も改葬もされないまま放置されている「無縁墓」の増加という問題も生じています。

改葬の手続きが自力では難しそうな場合は、事務手続きの代行を代行専門業者に依頼することもできます。行政書士などの専門家や石材店でも相談に乗ってくれるところがありますので、利用してもいいでしょう。

大切なのは、累代墓を無縁墓にしてしまわないことです。

改葬先としては、先にお伝えした通り、寺院墓地、公営霊園、民営霊園があります。公益法人や民間企業が運営している民営霊園と、自治体が運営している公営霊園は、宗教や宗派を問わず墓石を建てることができます。公営霊園のほうが永代使用料や管理費が低く抑えられ、永続性も保証されています。ただし、申し込み条件が厳しく、都心部では抽選もあってその競争率は高く、永代使用権を取得するのがとても難しいという現状があります。民営霊園なら、確保しておける安心感は高くなります。

改葬の場合は新たな墓石を建てるのが一般的ですが、累代墓の墓石を使うこともできます。その場合は移設費用がかかりますので、石材店などに相談してみましょう。

記入は123ページへ

改葬の手順と手続き

改葬先を決める	●移転先の墓地管理者から、受入証明書（または永代使用許可証）か墓地使用許可証を受け取る。
改葬許可申請書を入手・記入する	●現在の墓地がある市区町村役所で入手する。 ＊ホームページからダウンロードできる場合もある。
現在の墓地の承諾を得る	●現在の墓地管理者（菩提寺のご住職など）から埋葬（埋蔵）証明書を発行してもらう。 ＊改葬許可申請書とセットになっていることが多いが、墓地管理者が定める書式でもよい。 ●現在の墓地につながりのある親族に事情を説明する。
改葬許可証を受け取る	●現在の墓地がある市区町村役所に改葬許可申請書と埋葬（埋蔵）証明書を提出し、改葬許可証を発行してもらう。 ●申請には、墓地使用許可証や受入証明書（永代使用許可証）などの添付が必要な場合もある。
現在の墓地からご遺骨を引き取る	●現在の墓地管理者に改葬許可証を提示し、閉眼供養を行なってからご遺骨を取り出す。 ●墓石の移転や撤去などを石材店などに依頼する。
新しい墓に納骨する	●改葬先の管理者に改葬許可証を提出する。 ●開眼供養を行ない、納骨する。

考えること③　人気の「樹木葬」

以前であれば目新しさがあった「樹木葬」も、昨今ではずいぶんと知名度が上がったように感じます。実際、樹木葬を希望する人は増え続けており、それにともない樹木葬を取り扱う霊園なども増えています。

樹木葬は、「山林型」と「都市型」に大別できます。

墓地登録をしてある山に骨を埋葬するのが、山林型です。墓石の代わりに白樺や山桜などの樹木を植えます。里山再生にも寄与するということで一時話題になり、その後、各地に樹木葬の墓地が登場しました。

現在は、都市型が主流です。一般的な霊園の一角に樹木葬用の墓地が設けられることが多くなってきました。

樹木葬は比較的低価格ですが、「個」が保たれない「合祀タイプ」もあります。その場合、献花台が一つ設置されているだけで、一人ひとりの埋葬場所は特定できません。「個」を保とうとしているところでは、樹木の脇に埋葬者の名前を記したプレートなどが置かれることがあります。

寺院の敷地内にあって「個」が保たれるスタイルの樹木葬であれば、供養してもらっている安心感を抱くことができるでしょう。

合祀タイプの樹木葬を選択する場合は、ご遺骨が二度と遺族の手元に戻ってこないことを覚悟する必要があります。

記入は122ページへ

考えること④　散骨

散骨とは、ご遺骨を粉末にして自然界に撒く埋葬法です。

山や海など、故人が生前に希望したところに撒きます。遺骨を粉末にした「遺灰《いはい》」を海や土壌に撒くことになるので、散骨が禁止されている場所や、守らなければならないルールなどがあります。

散骨には、「全散骨」と一部を撒く「部分散骨」がありますが、私はできるだけ一部のご遺骨を手元に遺すようにお伝えしています。ご遺骨を少しだけ手元に残して、ペンダントの中に入れる方もいらっしゃいます。

全散骨をしてしまうと、ご家族は「心のよりどころ」を失いがちです。大きな喪失感に苛《さいな》まれ続ける方もいらっしゃるので、全散骨には注意が必要です。

樹木葬と散骨は「自然葬」と呼ばれ、永代供養のひとつです。継承者がいなくて「墓じまい」を行なう方が増えている現状では、自然葬が時代のニーズに合っているのだとは思います。

しかし、「継承する必要がなくなって気が楽になった」ということがある反面、結果的には後悔が募る「つらい選択」になってしまうことも多々あります。

お墓を建ててご住職に供養してもらうというのは、それなりに意味があるからこそ、今日まで永くつながってきたのだと言うこともできます。

「人気があるから」「おしゃれそうだから」と安易に飛びつくのではなく、ご親族の間で充分に話し合って決めることをおすすめします。

記入は122ページへ

考えること⑤　菩提寺に連絡する

ひとつ注意していただきたいことがあります。

改葬や自然葬でご遺骨の行き先が決まっても、それらの契約の前に、菩提寺に「墓じまい」の連絡を必ず行ないましょう。菩提寺との間で円滑な「墓じまい」の目処がついてから、新しい納骨先との契約をするのが鉄則です。

新しい納骨先を決めるまで、どのくらいの日にちをとったらいいのかは、自分のペースで決めればよいと思います。たとえば1～2カ月くらいと、ゆるやかな目標を決めてみましょう。それ以上になると先延ばしにしてしまうことも多くなるので、およそ2カ月以内には終わらせると目標を立てましょうか。

菩提寺とのやりとりも、先様あってのことですから、やはりそれくらいが妥当かもしれません。

これはあくまでも一例です。長くなりすぎても億劫《おっくう》になりますし、短期間で終わらせたくても相手のあることなので、気楽にあせらず、ゆとりを持った行動計画で進めてみましょう。

記入は122ページへ

☑仏壇や供養の方針

これだけ終活 レベル★★☆

仏壇は、故人やご先祖様を供養するところです。また仏様（ご本尊）をお祀りして、仏教の教えに触れる場所でもあります。

すでに仏壇があるのであれば、新たに購入する必要はありませんが、その仏壇がやがて子世代の家に置かれることになるかもしれませんし、それが大きすぎて置けないことも考えられます。そういったことが考えられるときや、そもそも仏壇がない場合は、新たに購入を検討することになります。

まずは、誰の家に仏壇を置くか決めておくといいと思います。

配偶者が先に亡くなった場合は、夫婦で住んでいた家に仏壇を置くと思いますが、やがて子どもたちの誰かに引き取ってもらうことを考えて仏壇選びをするという視点があってもいいと思います。昨今の仏壇は、昔ながらの唐木のものから現代の住宅事情に合わせた小型のものやカジュアルでおしゃれなものまで、多種多様に取り揃えられていますから、仏具店を訪れてみるのもよいでしょう。

供養の方針も、ご家族で話し合っておきましょう。

供養には、2つの目的があると言われています。

ひとつは、故人のためです。亡くなった方の冥福を祈り、霊を慰めるのです。

もうひとつは、ご遺族のためです。

供養を行なうことで、故人の「死」と向き合うことができます。故人を失った悲しみを乗り越え、心を落ち着かせる時間を持つためです。供養をすることで、故人とのつながりや、ご家族の信頼関係が深まっていきます。

仏壇を設置したら、仏様に尊敬の気持ちを込めて供物を捧げます。

供物は、香華《こうげ》、燈明《とうみよう》、飲食《おんじき》です。香華とは、線香や焼香。燈明とは、ろうそくや電球。飲食とは、お供えする飲み物や食べ物のこと。つまり、食べ物や飲み物をお供えして、ろうそくや電球を灯し、お線香やお花を上げます（できる範囲で大丈夫です）。

これは、仏教供養です。

仏式でない場合は、仏壇ではなく祭壇となるかもしれません。供養という考え方もないかもしれませんが、いずれにせよ、故人を偲ぶ気持ちを表す方法を、わが家の方針として話し合ってみましょう。

記入は121ページへ

遺影の写真選び

これだけ終活 レベル★★☆

葬儀や、そのあとに仏壇やリビングなどに飾られる遺影。ご家族は悲しみに暮れる中、葬儀社に遺影を用意するよう言われて急いで探し、あとで「こちらのほうがよかった」などと後悔する話を、本当によく聞きます。

今日は、遺影にしたい写真を選んでみましょう。第一希望から第三希望くらいまで、数枚チョイスして、「いちばんやさしいエンディング・ノート」に貼りつけておきます。

ちなみに、遺影としたい写真は何度変更してもかまいません。「いい表情だな」という写真が撮れるたびに更新して大丈夫です。ニッコリピースだっていいんですよ。

遺影の写真撮影

これだけ終活 レベル★★☆

この機会に、遺影用の写真を撮ってもらうのもいいと思いますよ。ご家族に撮ってもらってもいいですし、近隣の写真館やフォトスタジオでも撮影してもらえます。店舗や業者によってさまざまなプランがあるので、一度問い合わせてみましょう。

記入は120ページへ

「葬儀の規模」の確認

これだけ終活 レベル★★☆

「葬儀の規模」を考える、というのは、「葬儀に来てほしい人を選ぶ」と言い換えてもよいと思います。どれだけの人に参列していただくかが、葬儀の規模になります。

葬儀は「家族葬」と「一般葬」に大別できます。

近親者を中心に比較的小規模・少人数で見送るのが家族葬、近親者以外の、故人にゆかりの方たち（つまり一般参列者）にも広くお知らせし、比較的大勢で見送るのが一般葬です。「家族葬か、一般葬か」ではなく、「誰に見送ってほしいか」という観点で、葬儀に参列してほしい人をリストアップしてみてください。ご家族があなたの葬儀を執り行なう際、規模の目処として役立つと思います。

考え方のひとつの目安は、「年賀状の枚数」です。いまはもう出していないという方も、古い年賀状は残っていませんか？　100枚程度のやりとりがあったなら、交友範囲も100人くらいと考えます。その中で、「葬儀に参列してほしい人のグループ」「後日訃報のみお知らせする人のグループ」「特に連絡をしない人のグループ」などに分けてみましょう。そうすることで、葬儀の規模感がイメージしやすくなるでしょう。

記入は119ページへ

規模ごとの葬儀のメリット・デメリット・費用の目安

	家族葬	一般葬
形　態	故人の近親者や親しかった人だけで営む葬儀	親族をはじめ勤務先関係者など、故人や喪主と関係がある人（一般参列者）を招いて営む葬儀
メリット	親しい人だけでゆったりと過ごせるため、故人との最後のお別れに気兼ねなく専念できる	幅広い関係者が一度にお別れができるため、葬儀後の弔問客に煩わされない。また、香典収入により費用負担が軽減される
デメリット	香典収入が少ないため費用のほとんどが持ち出しとなるほか、葬儀後の弔問客の対応に苦慮することがある	葬儀社からの請求額が大きい。弔問客への対応が忙しい
費用の目安	80万～120万円（約20人出席の場合。祭壇を飾らず数人で営む場合は50万円程度から可能）	150万円～（約100人出席の場合）

お知らせする範囲と葬儀の規模

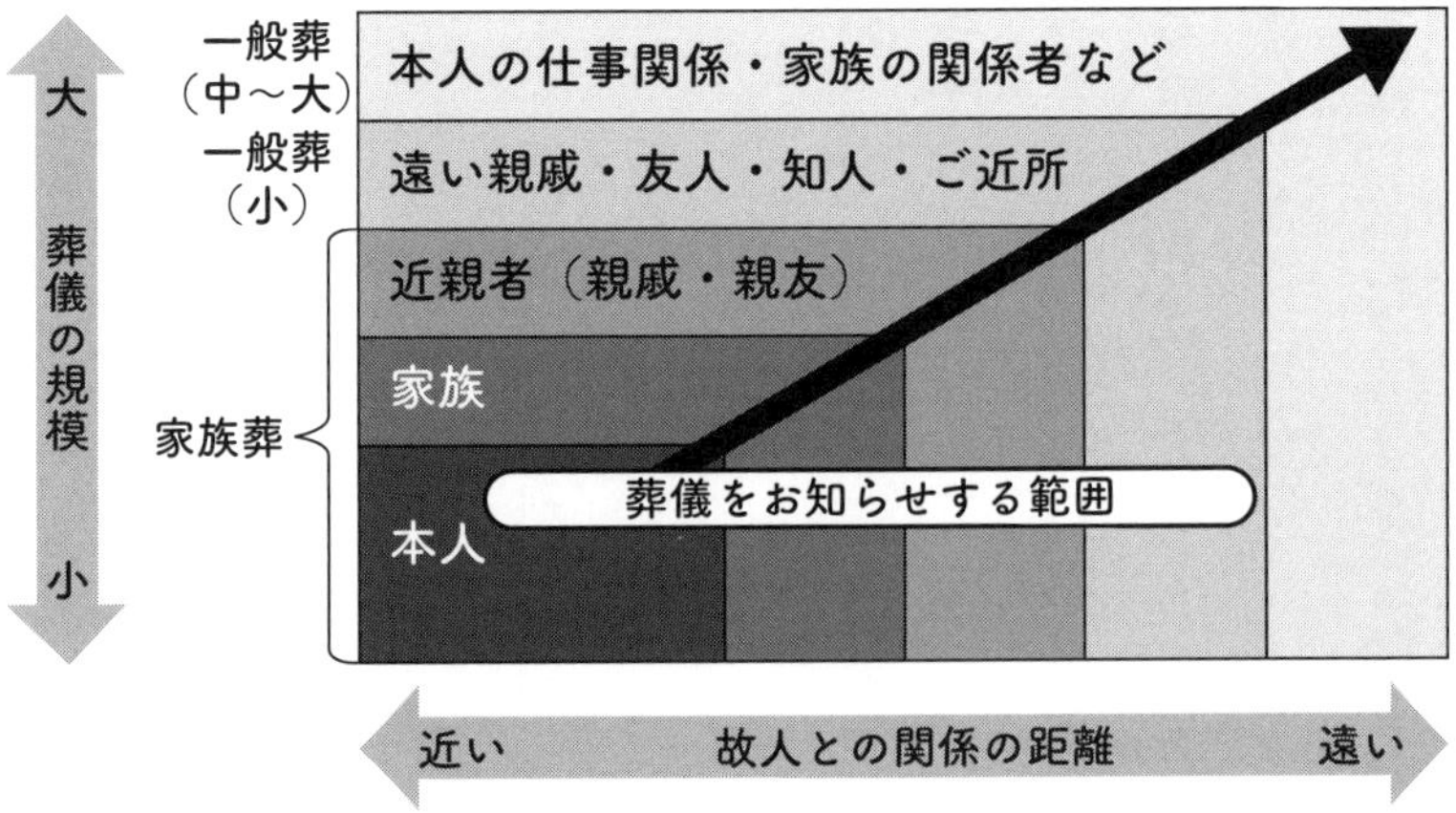

☑葬儀の「こだわり」を決める

これだけ終活 レベル★★☆

ステップ2の5日目（48ページ）で、葬儀の進行を知るとともに、その中にご自分の「こだわり」を反映させませんか？ と提案しましたが、今日は、それを実際に書き記しておきましょう。

「大好きなピンクと白色の花いっぱいに囲まれた祭壇にしてほしい」「祭壇にこのバイオリンを飾ってほしい」「葬儀中はドビュッシーの『月の光』を静かに流してほしい」といったことです。

こだわりの表現方法は、ほかにもあります。

昨今は、会場の一角に「思い出コーナー」をつくり、故人の写真や遺品を並べることが増えてきています。趣味でつくった作品や愛読書、愛用の茶道具などが展示されることもあります。

いまの時点ではあくまでも希望ですので、遠慮する必要はありません。思いつくままに楽しんで、ご自分の「こだわり」を書いてみてください。

記入は119ページへ

たとえばこんな「こだわり」

①祭壇のこだわり

花祭壇を使って「ゴルフ一色の祭壇にしたいのです」と、葬儀社に依頼されたご家族がありました。

ゴルフが大好きだった故人のために、祭壇の上に緑の草でグリーンをつくり、その真ん中に、ご遺族のつくった「19」と書いた旗を立て、ゴルフボールに見立てたネギ坊主を飾って、ゴルフ場を再現したのです。

ご遺族のこだわりはさらに徹底していて、会葬返礼品として、和菓子の老舗『とらや』のゴルフ最中を250個用意されていました。

②思い出コーナー

私の母の葬儀では、妹が思い出コーナーの演出を担当しました。母は陶芸が趣味だったので、陶芸作品を十数点選び、あとは写真、手料理のレシピ集など、すべて妹が選んで並べたのです。

それを参列者のみなさんが眺めて、母のことを懐かしんでくださる様子を見て、妹がとても喜んでいました。

自分の選んだもので、みなさんが母を偲んでくださったことで、母親の葬儀に能動的に関われたという満足感が得られたのだと思います。

筆者の母の葬儀の思い出コーナー

「友人リスト」をつくる

これだけ終活 レベル★★☆

18日目に葬儀の規模を考えるにあたって、葬儀に参列してほしい方のリストをつくってみましょうと提案しました（79ページ）。

毎年やりとりのある「年賀状」が、ひとつの目安になることもお伝えしました。しかし、年賀状のやりとりがなくても、親しい友人・知人がほかにもいらっしゃるはずです。今日は、そういう人たちをリストアップしておきましょう。

年賀状のやりとりがある人たちの中でも、特に大切な友人・知人もいらっしゃるはずですから、そうした人たちも書き出しておきます。

そして、それぞれの人たちが、あなたに対して何をしてくれた方なのか。どういう影響があった方なのか。あるいは、どのような思い出を共有している方なのかを書いておくとよいと思います。のちにご家族がごあいさつの言葉やお礼を伝えるとき、役に立つ情報となります。形だけでないごあいさつの言葉やお礼を伝えることができれば、相手の方にあなたの「心」が伝わると思います。

記入は118ページへ

あなたの「大切にしていること」を遺す

これだけ終活 レベル★★☆

12日目（66ページ）と重なるところがあるかもしれませんが、そのほかどんなことでもかまいません。モーニングルーチン（朝の習慣）を書いておくのもよいことです。

たとえば、「朝は身支度を整えると同時にお化粧もする」。そして、その理由も書き添えます。「ご近所の方や宅配便の方が訪ねて来られても、失礼がないように。そして、『今日もいい１日になりますように』と元気スイッチを入れるため」といった具合です。「朝５時には必ず起きて、まずはキリッと冷たい水で顔を洗う」「料理は手を抜くことがあっても、必ず３品つくる」「毎日７０００歩は必ず歩く」「『ありがとう』を欠かさない」「１カ月に必ず本を３冊読む」「ラジオ英会話を毎日欠かさず聞く」など、さまざまなことが挙げられるでしょう。

このように、あなたが毎日の生活の中で大切にしていることを書き記しておきます。「ああ、お母さんは、お父さんは、おばあちゃんは、おじいちゃんは、こんなふうに生きていたんだね」と感じてもらうことが、あなたとご家族の心の架け橋となります。

記入は117ページへ

あなたの「してきたこと」を遺す

これだけ終活 レベル★★☆

あなたが職業として携わったことを書いてみましょう。教員として勤めてきたのなら、どうしてなろうと思ったのか、どんな教員生活を送っていたのか、苦労したこと、喜びを感じたこと。そうしたことのエピソードなどを綴ってみましょう。

職業以外にも、あなたがしてきたことはたくさんあると思います。子育てはどうでしたか？　地域の活動や学校関係の役員、ボランティア活動や慈善活動などはいかがですか？　そうした活動が認められて、表彰や受賞（受章）の栄誉に浴したことがあれば、それも書いておきましょう。文章の巧拙や世間体など気にせず、堂々と書いてください。改めてご自分の功績を辿ることで、気持ちが元気になるでしょうし、ご家族もそんなあなたのことを誇らしく感じるはずです。

記入は116ページへ

「生きがい」を感じるのはどんなとき？

これだけ終活 レベル★★☆

「生きがい」と言うと大げさかもしれませんが、みなさんは、どんなときに「幸せだ」

と感じるでしょうか？

内閣府の調査によると、「どんなときに生きがいを感じるか」という設問に対し、「孫など家族との団らんのとき」と答えた人がいちばん多かったということでした（44・1％）。以下、「趣味やスポーツに熱中しているとき」「仕事に打ち込んでいるとき」「旅行に行っているとき」「テレビを見たりラジオを聞いたりしているとき」と続き、「収入があったとき」という回答もありました。お金が入れば、誰だってうれしいものですから、それが生きがいと言っても、何もおかしいことではありませんよね。

みなさんの「生きがい」は、どんなときに感じられるものですか？　この項目に関しても、見栄も遠慮も必要ありません。誰の目も気にせず、一度考えてみましょう。

ここまで、大切にしていることや功績、生きがいに向き合っていただきましたが、いかがでしたでしょうか。

日頃あまり意識することがないぶん、「新しい自分」や「忘れてしまっていた自分」を見つけ出すことができたのではないかと思います。

「なんだ、私って、ずいぶんがんばってきたじゃない！」――そんなふうに自分を自分でほめてあげてください。

記入は116ページへ

番外編

さて、ここまででおよそ3週間、21日分の項目に向き合っていただきましたが、いかがでしたでしょうか。

「これだけ終活」を始める前には考えたことがなかった、忘れてしまっていたこともたくさんあったでしょうし、反対に、「終活」と言わずとも、すでに取り組んでいたこともあったと思います。

これから提案する項目は、「これだけ終活 チェックリスト」（10〜13ページ）の中で、★★★のレベル3に相当するものです（一部を除く）。

考えたり取り組んだりすることが高度で難解だ、という意味ではなく、正直なところ「面倒」であったり、「気が重い」ものであったりするかもしれないものを★★★として、取り組むかどうかはみなさん次第、時間があるとき、気が向いたときに向き合っていただければよいという内容となります。

ですから、読んでいただくだけでもかまいませんし、今回は読み飛ばして、思い出したときに読み、取り組んでいただくのでも大丈夫です。

いまの住まいをどうする？

これだけ終活 レベル★★★

高齢に差しかかると、「住まいの選択」が気になってきます。

つまり、このまま持ち家に住み続けるのか、小さな住まいに移るのか、高齢者施設に入居するのか、ということです。

記入は115ページへ

考えること① 持ち家に住み続ける

いまのところ健康面に大きな問題もないし、比較的近くに子どもたちもいるので、いま住んでいる家を「終《つい》の棲家《すみか》」にしたいと思っている、そんな方は多いと思います。

では、亡くなったあと、あるいは住む人がいなくなったあと、持ち家をどうしたいと考えていますか？

子どもが複数いても、家ばかりは切って分けるわけにはいきませんので、誰かひとりに相続させることになるでしょう。もちろん、家も土地も共有名義にできますが、子どもたちに面倒を遺すことになりかねません。

売却せず相続させるなら、共有名義より一人に相続させるほうが、あとあと問題が生じにくいと思います。ただ、その場合、家を相続する子の相続分がほかの子たちより多くなってしまう可能性があります。預貯金でうまく調整できるか検討します。預貯金で調整できない場合に一人の子に相続させると、あとあと遺留分《いりゅうぶん》の問題が生じることもあります。遺留分の問題は、すべての財産を一人の子に相続させる場合にも起こりえます。

生前に自らの手で持ち家を売却するという選択肢もあります。ただし、賃貸物件に住み替える場合は、保証人が必要となる場合があります。

亡きあとに子どもたちで売却して、売却代金は法定相続の割合通り分配してもらうという方法もあります。

特に土地や建物といった不動産を所有している場合は、遺言書を書いておくことが望ましいと思います。ただ、ご自分の気持ちだけで作成した遺言書は、のちに子どもたちの間に紛争を招く恐れがあります。特に法定を大きく外れた内容だと紛争になりがちです。遺言書を書くときは、専門家に相談するほうがよいでしょう。

各都道府県のホームページや広報誌などに、遺言書に関する相談会の告知が掲載されていることもありますので、そうした機会を利用してもよいと思います。

考えること②　小さな住まいに移る

配偶者が亡くなるなどして独居になったら、持ち家を離れ、利便性の高い立地のワンルームなど、小さな住まいに移る方も少なくありません。

分譲マンションに引っ越すには高い初期費用が必要なことに加え、これまでの家財道具が入りきらない場合にそれらを処分するなど、思いがけない出費が重なることもあります。賃貸にしたところで、初期費用や毎月の家賃は必要になってきます。

自宅の売却費用と年金収入が頼りという方の場合は、今後の生活でどれくらいのお金が必要なのかをよく検討してから転居を決めるのが得策です。

考えること③　高齢者施設に移る

多くの方が持ち家での生活を希望されるところではありますが、いわゆる「要介護」の状態になると、持ち家での生活はなかなか難しくなります。

高齢者施設ですが、「介護付き有料老人ホーム」と「サービス付き高齢者向け住宅」が主な選択肢になると思います。

介護付き有料老人ホームは、月額費用に加え入居一時金が必要なことが多いのですが、食事や介護といったサービスが充実しています。

サービス付き高齢者向け住宅は比較的安価ですが、食事や介護サービスを受けるには、追加料金が必要となる場合が多いものです。

「要介護3」以上の場合、特別養護老人ホーム（特養）が選択肢としてあります。特養は自己負担額が比較的少なく、原則として終身利用ができるのですが、そのぶん、「1年待ち」「2年待ち」といった年単位の待機が必要になることも少なくありません。

こうした選択肢の中から、ご自分はどうしたいかを、一度考えてみましょう。考えてみるだけでも、「これだけ終活」としては一歩前進です。

☑亡きあとの埋葬先を決める

これだけ終活 レベル★★★

ステップ2の5日目で、「お墓をどうするのか」を確認していただきましたが、さらに具体的に、埋葬先まではっきりすれば、ご家族は安心されるでしょう。

「墓じまい」や「改葬」を希望する場合は、改葬先の霊園や永代供養、納骨堂などをどこに（お願い）するか、インターネットで検索してみたり、パンフレットを取り寄せてみたりするなどして、検討を始めるのもよいきっかけとなります。

「自然葬」を希望する場合も、下調べが大切です。

樹木葬はかなり一般的になりましたが、散骨の場合は、散骨するエリアの行政機関に問い合わせが必要です。散骨は、家族がお参りに行く場合も、登山をしたり海洋に船舶を出したりと、簡単ではありませんので、ご家族の想いも考慮して、よく話し合うことが大切です。

記入は115ページへ

☑葬儀社を選ぶ

これだけ終活 レベル★★★

レベルは★★★ですが、あらかじめ決めておければ、ご家族はかなり落ち着いて行動できると思います。

これまでに「葬儀のこだわり」などを考えてきましたが、ここでは、それらを実現してくれそうな葬儀社を、実際に探してみるのです。

先の霊園と同様、葬儀社についても、昨今はインターネットのホームページが、よい指標となります。

その葬儀社のホームページの雰囲気はいかがですか？　料金や費用はちゃんと書いてありますか？　実際の従業員やスタッフの顔がわかるようなページはありますか？

よい葬儀社を選ぶための5つのポイント

1
見積書を快く出してくれる

見積書の依頼に快く応じてくれるかどうかは、良心的な葬儀社かどうかを見分けるための最低限のポイント。

2
わかりやすい言葉で、見積書を説明してくれる

理解しやすい言葉かをチェック。専門用語を多用するのは消費者視点が欠けている証拠。

3
契約や友の会への入会を急かさない

短時間の説明で署名・押印を求められたら要警戒。

4
実際の施行事例をたくさん見せてくれる

経験豊富な葬儀社であれば、喜んで見せてくれるはず。

5
対応してくれた担当者に好感が持てる

選択に迷ったら、最後は担当者の好感度順で選んでもよい。

パソコンやスマートフォンの操作に不安があるようでしたら、若い世代のご家族と一緒に検索してみてください。

そして、「よさそうだな」と感じたいくつかの葬儀社に、資料の請求や見積もりの依頼をしてみましょう。実際の店舗を訪れてみるのも、よいことです。

担当者と実際に話をしてみて、「わかりやすく説明してくれるかどうか」「見積もりに怪しいところはないか」「強引な勧誘がないか」「契約を急かされないか」など、葬儀社に限ったことではありませんが、常識外れの対応や接客がないかを確かめてください。

いちばん大事なのは、「対応してくれた担当者に好感が持てるかどうか」です。これだけを基準に、葬儀社選びをしていただいても、大きく的外れになることはないと思います。

記入は115ページへ

☑「いざ」というときの意思表示

これだけ終活 レベル★★★

ある調査によると、「子世代が生前、親と話しておきたいこと」のトップ3は、「介護」「葬儀」「延命治療」だそうです。

介護については、ご自分が「要介護」になったときにどうしてほしいかということをご家族と一緒に考え、あなたの希望を伝えておくことが大切です。

葬儀については、本書でここに至るまでに、いくつかのことがかなり具体的になってきたと思います。

そして、延命治療です。

延命治療とは、「病状の回復」ではなく「延命」を目的とした治療のことです。医師が回復の見込みが少ないと判断した患者に対し、胃瘻《いろう》や人工呼吸などの措置で命を長らえる方法です。

実際の医療現場では、延命治療をするか、しないかという大きな決断を、ご家族が短時間で下さなければならない状況が少なくないようです。「いざ」というときに、じっくり考えている余裕がないのです。

そうであれば、ご家族の負担と後悔を減らす意味でも、延命治療や臓器提供について、ご自分の意思を一度は考えてみましょう。

記入は114ページへ

☑「エンディングに必要なお金」の目処

これだけ終活　レベル★★☆

ステップ2とステップ3で確認・実践してきた内容について、「結局いくらぐらい必要なのか」という目算を立てておくことも、決して無駄ではありません。

住まいを売却したらいくらになるのか。葬儀のためにどのくらい置いておくのか。介護費用はどのくらいまで大丈夫なのか。延命治療に必要な費用は……。

いずれにしても、決して小さくない金額になってくるはずですので、「行き当たりばったり」で簡単に準備できるものではありません。

「いますぐに必要なお金」というわけではありませんが、ご自分の希望や想いを含めた「エンディング」に、どれくらいの資金が必要なのかを、一度確認してみましょう。「これだけ終活」と「いちばんやさしいエンディング・ノート」によって、あなたの意思表示がはっきりしていれば、ご家族はそれを尊重したいと思うはずです。

ところが、その実現に莫大な費用が必要であったり、そうでなくても、資金が不足するようなことでご家族に不要な負担をかけたりすることがないよう、一度は話し合いの機会を設けてみるのも、まんざら意味のないことではありませんよ。

記入は114ページへ

ステップ 4

これだけ終活

あとはこれだけ

「これだけ終活」も終盤です。

ステップ2では主に過去と現在の確認に、ステップ3では主に終活の実践に取り組んでいただきましたが、ステップ4では、これから先の楽しみについて考えていきましょう。「終活トライアングル」（16ページ）で言えば、「①人生を考える」の中でも、特に未来志向の実践となります。

☑「やりたいこと」を5つ挙げる

これだけ終活 レベル★☆☆

「これだけ終活」ではこれまでに、何度も振り返りの時間を持っていただきました。そうして改めて振り返ると「私の人生、なかなかいいじゃない！」と思えるようになった方が多いのではないかと思います。

これまでも、前向きに生きてこられたことでしょう。もちろん、ふとしたときに、苦い思い出がよみがえることもあったと思います。でも、いま「わが人生」を俯瞰《ふかん》すると、やはり笑顔が浮かんでいるはずです。その笑顔をこれからも増やしていくために、まずは「これからやりたいこと」を5つピックアップしてみましょう。

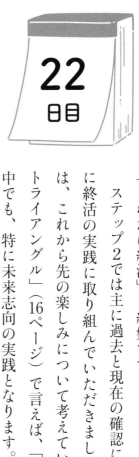

「旅行」が思い浮かぶ方も多いことでしょう。とはいえ、旅行にもいろいろあります。国内旅行はもちろん、海外だってあります。

国内でも海外でも、どこに行きたいですか？　そして、旅先でどんなことをしてみたいですか？

登山やトレッキング、コンサートやライブ、観劇、趣味のカメラでコアラやウミガメを撮影する、古城めぐりをするなど、さまざまな旅の目的があるでしょう。

もうひとつ、大切な旅の目的として、「のんびり、まったり」というのもあるでしょう。この場合は、どこかの鄙《ひな》びた温泉地に行って、地場の特産物に舌鼓《したつづみ》を打ち、気の済むまで湯船につかって、「心身ともにリラックス」という感じでしょうか。

もちろん、旅行ばかりではありません。

ピアノやバイオリン、フルートなどに挑戦！　地域ボランティアに参加する。そば打ちをする、などなど。テニスやゴルフ、ボーリングなど、昔ならしたスポーツや初めての競技でも、自己流ではなく、レッスンに通って本格的に取り組むことなども、いいかもしれませんね。

記入は113ページへ

☑「行きたい場所」を5つ挙げる

これだけ終活 レベル★☆☆

先の項目で、「旅行に出かけたい」と思った方は、「行きたい場所」がたくさんあるかもしれません。そうした旅行先でもいいですし、旅行以外でも、行っておきたい場所を挙げてみてください。

たとえば、ご両親の故郷などはいかがですか？　あるいは、幼少時代を過ごした思い出の街や、学生時代によく通ったあの喫茶店など……。日頃は出かけることのない大都会の超高層ビル群を眺めてみたい、というのもあるかもしれません。

また近年、ＬＥＤライトの進化もあって、全国各地の「イルミネーション」で、素敵なところが増えてきましたよね。そういったものの情報を集めてみて、ご自分が行きたいところを品定めしてみてもいいかもしれません。

以前でしたら「冗談」のひと言だったかもしれませんが、いまや「宇宙旅行」だって、不可能ではなくなってきました。大宇宙に思いを馳《は》せてみるのも、一興です。

記入は112ページへ

☑「会いたい人」を5人挙げる　これだけ終活 レベル★☆☆

北海道に移り住んだかつての同僚とは、切磋琢磨、永きにわたる勤め人生活を支え合った仲。年賀状のやりとりはしているけれど、スイーツでも食べながら久しぶりに語り合いたいなぁ……なんて考えている方。

98歳になってなお矍鑠《かくしゃく》と立派にひとり暮らしをしている叔母に会いたい！　いいですね。叔母さまの手料理をいただきながら、話も弾むことでしょうね。

シンガーソングライターの○○さんに会いたい。「推《お》し活《かつ》」中の○○くんに絶対会う！　スポーツ選手の○○さんに会ってみたい、など、夢と希望はどんどん膨らみますよね。そうしたことを、躊躇《ちゅうちょ》なく書き出してみてください。

著名人、恩師や同級生、幼馴染みなど、会いたい人はたくさんいると思います。27日目（104ページ）で提案しますが、会いたいと思うだけではなく、実際会いに出かけることを念頭に、5人を挙げていただくと、現実感や期待感もより高くなると思います。

記入は111ページへ

「やりたいこと」5つの実現スケジュール

これだけ終活　レベル★★☆

22日目に、「やりたいこと」を5つ挙げていただきました（98ページ）。「やりたい」と思うだけでも充分に価値はありますが、「これだけ終活」ではもう一歩進めて、それらをいつ実現するのか、そのスケジュールまで考えてみましょう。

旅行でしたらまず、どこに誰と行きたいかを決めましょう。場所と人が決まったら、「だいたいこの時期に……」と見当をつけて、資料集めをしたり、ガイドブックを買ってみたり、資金の積み立てを始めたりなど、実際の行動に移していきます。

楽器やスポーツ、趣味などについても、「いますぐ」始めなければいけないということではありません。これまでにも「やりたいな」と思ったことはあったでしょうが、その多くは「思うだけ」で、あなたの胸の奥に消えていったと思います。

それが悪いわけではなく、ここでは、これまでの「思うだけ」からあと一歩踏み出して、夢や願望の実現に近づく準備をしていただきたいのです。そうして少しずつでも行動を始めることが、日々の充実感にもつながっていきます。

記入は110ページへ

「行きたい場所」5つの実現スケジュール

これだけ終活 レベル★★☆

「行きたい場所」の実現計画も、25日目の「やりたいこと」と同じです。

ご両親の故郷を訪ねたいと思えば、次に、いつ誰と何に乗って出かけるか、さらに具体的な計画を立ててみましょう。

思い出の街角には、いつ出かけてみますか？　大都会の高層ビル群は、どの街のどこに、いつ行けそうですか？

イルミネーションでも宇宙旅行でも（！）、「思うだけ」からあと一歩踏み出して、小さな行動に移してみましょう。すぐに実現しなくたっていいのです。

少しずつでも行動を起こして、それをコツコツと続けていれば、無理だと思っていたことが、意外と簡単に実現できたり、思わぬ出会いや体験が得られたりすることも多いものですよ。

記入は109ページへ

☑「会いたい人」5人の実現スケジュール

これだけ終活 レベル★★☆

「人」についても同様です。

著名人に会いたい場合は別として、思い出の人やお世話になった方に会いたいとしても、相手があることですので、ご自分の都合だけでは決められないことも多くなります。まずはそうした人たちの消息や都合を確認するところから始めましょう。

連絡先などがわかって、いざ実際にコンタクトを取ろうという段になって、「やっぱり……」となってもかまわないと思います。その人に関してあなたの中で、以前には到達しなかったところまで今回来られたわけですから、その先は次の機会のお楽しみにとっておいてもいいと思います。

著名人の場合は、ライブや舞台、講演会などの開催情報を確認してみましょう。近隣の場所での開催があり、都合がつきそうなら、思い切ってお友だちを誘って、チケットを買ってみては？

記入は108ページへ

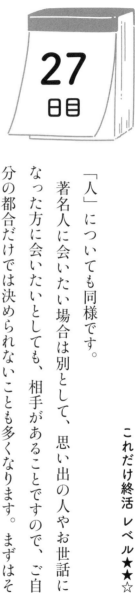

「できること」を「できるうちに」続けていきましょう

これだけ終活 レベル★★★

「これだけ終活」の取り組みを始めてから、およそ4週間が経った頃だと思います。

いま、みなさんはどんなお気持ちですか？

ここまで順調に進んできた方も、そうでない方も、本書を読みはじめる以前よりは、何かが少しは変わったのではないでしょうか。

「では『これだけ終活』はこれにて終了！　お疲れ様でした！」というわけではなく、「継続」という意味では、むしろここからが本当のスタートとも言えるわけですが、これまでの28日間の取り組みで、終活のひと通りの「勘所《かんどころ》」は理解していただけたと思います。

以後は、みなさんの毎日の生活の中で、時には本書を紐《ひも》解《と》いていただきながら、時には本書の内容を思い出していただきながら、「これだけ終活」の「できること」に、「できるうちに」取り組んでいってください。

肥前佐賀藩士・山本常朝《つねとも》が記した『葉隠《はがくれ》』に、次のような趣旨の一節があります。

人生は現在の一瞬に徹して生きるという一念、つまり端的只今が大事である。一瞬、一瞬の積み重ねが一生であり、ここに気がつけば、右往左往することなく、ほかに求めるものなし。この一瞬を大切にして生きるのみである。

私たちの人生が「いま」の連続で形づくられるもので、そのひとつのゴールが「死」というものであるとすれば、いまを大切に自分らしく生きていくこと、つまり、「よりよく生きる」ことが、「よく死ぬこと」につながるのではないでしょうか。

「これだけ終活」は、いまを自分らしく大切に生き、よりよいエンディングを迎えるための活動です。

すべての方が、これからの人生を、いきいきと、ご自分らしく楽しまれることを、心から願っています。

ステップ4

28日目

「できること」を「できるうちに」続けていきましょう

本文☞105ページ

ここまで順調に進んできた方も、そうでない方も、本書を読みはじめる以前よりは、何かが少しは変わったのではないでしょうか。

ここからは、みなさんの毎日の生活の中で、時には本書を紐解いていただき、時には本書の内容を思い出していただきながら、「これだけ終活」の「できること」に、「できるうちに」取り組んでいきましょう。

ステップ4

27
日目

「会いたい人」5人の実現スケジュール

本文☞104ページ

会いたい人① ＿＿＿＿＿＿＿＿＿＿＿＿ さん

☞実現スケジュール

＿＿＿＿＿＿＿＿ 頃に ＿＿＿＿＿＿＿＿＿＿＿＿＿＿

（例：今年の夏）　　　　（例：コンサートに行く）

会いたい人② ＿＿＿＿＿＿＿＿＿＿＿＿ さん

☞実現スケジュール

＿＿＿＿＿＿＿＿ 頃に ＿＿＿＿＿＿＿＿＿＿＿＿＿＿

会いたい人③ ＿＿＿＿＿＿＿＿＿＿＿＿ さん

☞実現スケジュール

＿＿＿＿＿＿＿＿ 頃に ＿＿＿＿＿＿＿＿＿＿＿＿＿＿

会いたい人④ ＿＿＿＿＿＿＿＿＿＿＿＿ さん

☞実現スケジュール

＿＿＿＿＿＿＿＿ 頃に ＿＿＿＿＿＿＿＿＿＿＿＿＿＿

会いたい人⑤ ＿＿＿＿＿＿＿＿＿＿＿＿ さん

☞実現スケジュール

＿＿＿＿＿＿＿＿ 頃に ＿＿＿＿＿＿＿＿＿＿＿＿＿＿

ステップ4

26
日目

「行きたい場所」5つの実現スケジュール

本文☞103ページ

行きたい場所① ＿＿＿＿＿＿＿＿＿＿

☞実現スケジュール（例：誰と、いつ頃に）

＿＿＿＿＿＿＿＿＿＿＿＿＿＿＿＿＿＿＿＿

行きたい場所② ＿＿＿＿＿＿＿＿＿＿

☞実現スケジュール（例：誰と、いつ頃に）

＿＿＿＿＿＿＿＿＿＿＿＿＿＿＿＿＿＿＿＿

行きたい場所③ ＿＿＿＿＿＿＿＿＿＿

☞実現スケジュール（例：誰と、いつ頃に）

＿＿＿＿＿＿＿＿＿＿＿＿＿＿＿＿＿＿＿＿

行きたい場所④ ＿＿＿＿＿＿＿＿＿＿

☞実現スケジュール（例：誰と、いつ頃に）

＿＿＿＿＿＿＿＿＿＿＿＿＿＿＿＿＿＿＿＿

行きたい場所⑤ ＿＿＿＿＿＿＿＿＿＿

☞実現スケジュール（例：誰と、いつ頃に）

＿＿＿＿＿＿＿＿＿＿＿＿＿＿＿＿＿＿＿＿

ステップ4

25 日目

「やりたいこと」5つの実現スケジュール

本文☞102ページ

やりたいこと① ____________

☞実現スケジュール

____________頃に____________

（例：半年以内）　（例：フルート教室に申し込む）

やりたいこと② ____________

☞実現スケジュール

____________頃に____________

やりたいこと③ ____________

☞実現スケジュール

____________頃に____________

やりたいこと④ ____________

☞実現スケジュール

____________頃に____________

やりたいこと⑤ ____________

☞実現スケジュール

____________頃に____________

ステップ4

24
日目

「会いたい人」を5人挙げましょう

本文 ☞ 101 ページ

会いたい人① ＿＿＿＿＿＿＿＿ さん

☞理由

会いたい人② ＿＿＿＿＿＿＿＿ さん

☞理由

会いたい人③ ＿＿＿＿＿＿＿＿ さん

☞理由

会いたい人④ ＿＿＿＿＿＿＿＿ さん

☞理由

会いたい人⑤ ＿＿＿＿＿＿＿＿ さん

☞理由

23
日目

「行きたい場所」を5つ挙げましょう

本文☞100ページ

行きたい場所①

☞理由

行きたい場所②

☞理由

行きたい場所③

☞理由

行きたい場所④

☞理由

行きたい場所⑤

☞理由

ステップ4

22
日目

「やりたいこと」を5つ挙げましょう

本文☞98ページ

やりたいこと①

☞理由

やりたいこと②

☞理由

やりたいこと③

☞理由

やりたいこと④

☞理由

やりたいこと⑤

☞理由

ステップ3
番外編

もう少し考えてみましょう②

本文 ☞ 94~96 ページ

☞「いざ」というときの意思表示は？

臓器提供や延命治療についての希望や想いを書いておきましょう。

☞「エンディングに必要なお金の目処」は？

あなたのエンディングにどれくらいの資金が必要か、確認してみましょう。

ステップ3 番外編

もう少し考えてみましょう①

本文 ☞ 88 ～ 93 ページ

☞いまの住まいをどうする？

持ち家に住み続ける、転居する、施設に入居するなど、希望や想いを書いておきましょう。

☞亡きあとの埋葬先は？

累代墓に入る、改葬する、墓じまいをするなど、希望や想いを書いておきましょう。

☞葬儀社は？

あなたの葬儀を執り行なう葬儀社や会館、ホールなどを、第一候補、第二候補、第三候補まで書いておきましょう。

第一候補

第二候補

第三候補

ステップ3

21
日目

あなたの「してきたこと」を遺しましょう

本文 ☞85ページ

☞あなたはこれまで、どんなことをしてきましたか？
職業や地域活動、表彰や受賞（受章）などを書いておきましょう。

☞あなたはどんなときに「生きがい」を感じますか？

ステップ3

20
日目

あなたの「大切にしていること」を遺しましょう

本文 ☞84ページ

☞あなたはこれまで、どんなことを大切にしてきましたか？
これからも大切にしていきたいことは、何ですか？

ステップ3

19日目

「友人リスト」をつくりましょう

本文☞83ページ

☞あなたの友人の連絡先などを書いておきましょう。ここではスペースに限りがありますので、次のような書式を参考に、別のノートなどにまとめてみてください。

友人①	
名前	
住所	（　　－　　）
電話	
メールアドレス	

友人②	
名前	
住所	（　　－　　）
電話	
メールアドレス	

友人③	
名前	
住所	（　　－　　）
電話	
メールアドレス	

ステップ3

18日目

あなたの葬儀の「規模」と「こだわり」は？

本文☞79ページ

☞あなたの葬儀には、どれくらいの人数の方に参列してほしいですか？　特に来てほしい人、来てほしくない人がいれば、それらも書いておきましょう。

☞あなたの葬儀では、どんなことにこだわりたいですか？　花の色や祭壇の雰囲気、飾ってほしいものや流してほしい音楽などがあれば、書いておきましょう。

ステップ3

17 日目

遺影の準備をしましょう

本文☞78ページ

☞「遺影」にしたいあなたの写真を、これまでに撮ったものの中から2～3枚選んで貼りつけるか、クリップどめしておきましょう。

☞遺影用の写真を撮影してもらいましょう。写真館やフォトスタジオ、ご家族でもかまいません。

ステップ3

16日目

仏壇や供養の方針は？

本文☞76ページ

☞いまある仏壇をどうしますか？　仏壇がなければ新たに購入しますか？　あなたが亡きあとの仏壇の希望や想いがあれば、書いておきましょう。

☞あなたが亡きあとの供養について、希望や想いがあれば、書いておきましょう。

③「樹木葬」を希望しますか？　希望や想いを書いておきましょう。

④「散骨」を希望しますか？　希望しない場合も書いておきましょう。

⑤「墓じまい」を始める前に、まずは菩提寺に連絡をしましょう。
（菩提寺の連絡先）

ステップ3

14・15 日目

「墓じまい」の行動計画

本文 ☞ 68ページ

☞累代墓の継承者がいない、あるいは、累代墓に入ることを望まない場合は、「墓じまい」を具体的に考えていきましょう。

①「ご遺骨」はどうしてほしいですか？　希望や想いを書いておきましょう。

②「改葬」を行ないますか？　行なう場合は、具体的な計画を立ててみましょう。

ステップ3

13 日目

あなたの「人生訓」を遺しましょう

本文☞67ページ

☞あなたが励まされた言葉や人生訓はありますか？　これまでの人生で得た教訓などを書いておきましょう。

ステップ3

12日目

あなたの「スキル」を遺しましょう

本文☞66ページ

☞あなたがこれまでの人生で培ったスキルは、どのようなものですか？　ご家族がインターネットなどでは「検索」できない、あなただけの知恵や工夫を書いておきましょう。

ステップ3

11
日目

SNS・WEBアカウントの整理

本文 ☞63ページ

☞SNSやインターネットのアカウント、定額サービスや会員登録やログインID、パスワードを書いておきましょう。亡きあとのアカウント削除や追悼アカウントへの移行を希望する場合は、それも書いておきましょう。

アカウント① （SNS名など）

☞ログインID　☞パスワード

アカウント②

☞ログインID　☞パスワード

アカウント③

☞ログインID　☞パスワード

アカウント④

☞ログインID　☞パスワード

定額サービスや会員登録①

☞ログインID　☞パスワード

定額サービスや会員登録②

☞ログインID　☞パスワード

ステップ3

10日目

亡きあとの私物の整理

本文☞62ページ

☞あなたが亡くなったあとの私物の処分方法や希望、想いがあれば書いておきましょう。

ステップ3

9
日目

いまある不要物の整理

本文 ☞61ページ

☞いま身の回りにある「いらないもの」を整理して、処分していきましょう。

〔いらないものは？〕

〔処分方法は？〕

ステップ3

8日目

資産などの整理

本文☞56ページ

☞貴金属や不動産、その他の資産について、今後どうしたいのか、処分するのかしないのか、処分するとすればその方法などを書いておきましょう。

〔貴金属・宝飾類は？〕

〔不動産は？〕

〔保険情報は？〕

〔その他の資産は？〕

〔ペットの行き先は？〕

〔50代の思い出・出来事は？〕

〔60代の思い出・出来事は？〕

〔70代以降の思い出・出来事は？〕

ステップ2

6・7
日目

思い出・出来事の整理

本文 ☞50ページ

☞あなたの幼少から現在までの、思い出や出来事を書いておきましょう。

〔幼少時の思い出・出来事は？〕

〔学生時代の思い出・出来事は？〕

〔20代・30代・40代の思い出・出来事は？〕

ステップ2

5日目

お墓・菩提寺・葬儀の確認

本文☞44ページ

☞お墓や菩提寺、葬儀について、確認しましょう。

［お墓はありますか？　お墓をどうしたいですか？］

［「墓じまい」を行ないますか？］

［菩提寺はありますか？　連絡先を書いておきましょう］

［葬儀の進行を知っておきましょう。「こだわり」も考えてみてください］

ステップ2

4日目

「遺すもの」の確認

本文☞40ページ

☞身の回りの「遺すもの」について、確認しましょう。

〔銀行口座・クレジットカードはいくつある？　確認してみましょう〕

☑

☑

☑

〔株式・有価証券は？〕

☑

☑

☑

〔コレクション品は？〕

☑

☑

☑

〔亡きあとまで遺りそうな私物や生活用品は？〕

☑

☑

☑

〔SNSアカウントの現状は？　確認してみましょう〕

☑

☑

☑

いちばんやさしい
エンディング・ノート

ENDING NOTE

このノートは、「これだけ終活」で考える３つの要素である
「人生」「遺すもの」「エンディング」について
まとめることができるように構成されています。
本文を読みながら、各項目を書き進めてみてください。

書き直す前提で書きましょう！

すべて記入しなくても大丈夫！

自由にわがままに書きましょう！

「自由に、気楽に」取り組むのが、
エンディング・ノートのよさを実感する、いちばんの近道です。
さぁ、よりよい未来をつくる「これだけ終活」の第一歩を、
このエンディング・ノートでスタートしてみましょう。

＊必要に応じて大きな紙にコピーするなど、アレンジしてご活用ください。

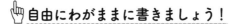

装幀・本文組版◎朝田春未
本文イラスト◎松栄舞子
編集協力◎大前真由美

【著者紹介】

市川 愛（いちかわ・あい）

1973年、神奈川県川崎市生まれ。市川愛事務所代表。服飾メーカー、葬儀社紹介企業勤務を経て、「婚礼業界のように、葬儀業界にもプロのサポート役が必要」との想いから、2004年に日本初の葬儀相談員として起業。2009年、『週刊朝日』の連載で「終活」を考案したのをきっかけに、2011年、一般社団法人終活普及協会を設立。現在は全国での講演活動、葬儀記事や書籍の執筆、番組出演などを通して、正しい葬儀情報と「終活」を広げるための活動に従事している。著書に『「終活」のすすめ』（太陽出版）、『後悔しないお葬式』（角川SSC新書）、監修書に『最新版 遺族のための葬儀・法要・相続・供養がわかる本』（学研）、『ぜんぶわかる 葬儀・法要・相続の手続きとマナー』（成美堂出版）などがある。

4週間で無理なくできる！ 最初で最後の「これだけ終活」

2023年6月6日　第1版第1刷発行
2024年8月5日　第1版第3刷発行

著　者　市川 愛
発行者　村上雅基
発行所　株式会社PHP研究所
　京都本部　〒601-8411　京都市南区西九条北ノ内町11
　　〔内容のお問い合わせは〕暮らしデザイン出版部 ☎075-681-8732
　　〔購入のお問い合わせは〕普及グループ ☎075-681-8818
印刷所　TOPPANクロレ株式会社

ISBN978-4-569-85468-7